KB240476

가정 시스템

하 나 님 나 라 가 임 하 는 건 강 한 가 정 의 작 동 방 식

가정 시스템

도은미

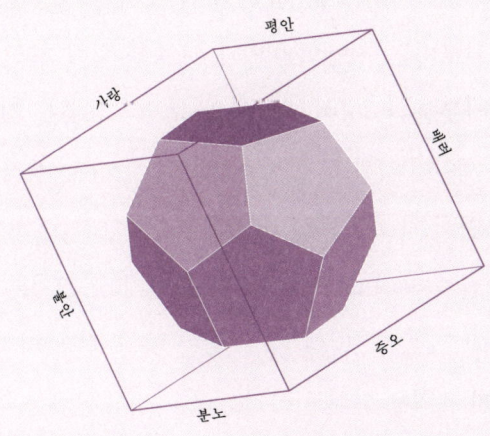

규장

 프롤로그

시스템을 바꾸지 않으면 생활은 바뀌지 않는다

대한민국을 순수하게 사랑하던 사람도 특정 정당의 당원이 되면, 바른 정치보다는 정당의 이익과 보호를 위해 자신의 마음과 에너지를 쏟아붓는다. 당이 거짓말을 하거나 잘못을 저질러도 '시스템의 힘은 개인이 이길 수 없어 어찌할 수 없다'는 생각으로 불편함을 감수하면서 지그시 눈을 감는다.

자신은 그렇지 않다고 주장하는 사람일지라도, 기본적으로 '자기 세우기' 4대 프로젝트라고 할 수 있는 자기 증명, 자기 강화, 자기 보호, 자기 유익을 위해 살아가느라 자신의 존재를 각인시키고 유능한 당원으로 인정받기 위해 온갖 헛소리도 마다하지 않는다.

이들이 작은 성공이라도 거두기 위해 시스템에 몰두하고 자신을 나타내는 이유는 명확하다. 그래야만 이 거대한 시스템 속에서 사람들의 눈에 띄고 입에 오르내리며 '성공'이라는 두 글자를 어렴풋하게라도 맛볼 수 있다고 믿기 때문이다. 결국 자신이 속한 시스템에 완전히 스며들어야 성공할 수 있다고 생각하는 것이다.

결혼 전에는 무척 당당했던 젊은이 오 씨. 그는 부잣집 딸과 결혼하면서 장인의 도움으로 출셋길에 올랐다. 당연히 사사건건 아내와 장인의 눈치를 보는 상황이 되었다. 그도 이에 적응하기 위하여 탁월한 위장술을 선보였지만, 아내만 있으면 당당함을 잃고 위축되는 자신을 모른 척할 수 없었다.

부유한 환경에 익숙하지 않았던 그는 예절이나 언행 수준을 맞추지 못하는 실수를 자주 했고, 아내의 매서운 눈조리를 살피거나 모진 질타를 피하는 것만이 상책이 되었다. 장인, 장모의 평가에 매사 신경을 곤두세우다보니 그의 마음은 가난했을 때보다 더 가난해졌다. 순간순간 구겨지는 자존심은 세월이 흘러도 펴지지 않았다.

가난해도 당당한 사람으로 사는 것이 나았을까? 자신의 노력으로 절대 가질 수 없는 부와 윤택함을 선택한 것이 잘한 일일까? 갈팡질팡하는 마음을 이익과 맞바꾸며 타인의 시스템에서 생존하기 위해 그는 오늘도 쓴잔을 삼킨다. 선택한 시스템이 곧 생활이기 때문이다.

이 책의 목표는 "시스템이 곧 생활이다"라는 정의를 풀어내어 가정 시스템의 기본적인 개념 이해를 돕는 것이다. 1부에서는 "시스템이 곧 생활이다"를 도입하고, 2부에서는 가정 시스템의 오장육부(五臟六腑) 중 오장을 간단히 설명하고, 가장 중요한 가족 구성력에 대한 이해를 돕고, 3부는 상한 감정의 힘과 에너지를 설명하며 "상한 감정이 갑질한다"라는 주제에 대해 구체적인 이론과 예화를 제시했다. 4부에서는 관계 시스템의 작동을 설명했다. 5부는 시스템에서 정말 중요한 권력 시스템을 소개하며 마스터가 어떻게 권력을 사용, 이용, 활용, 애용하는지를 자세히 설명하여 이해를 도왔다. 6부에서는 마스터의 상한 감정이 권력화되었을 때 어떻게 집행되는지 이해를 도우며 건강한 가정 시스템의 중요성을 설명했다.

이론적으로 풀어낼 수밖에 없기 때문에 풍성한 예화를 적절히 소개하여 실제 상황에서 무엇이 어떻게 시스템화되고 생활화되는지 잘 알 수 있도록 설계하였다. 우리가 가정을 시스템으로 이해하면 나라의 시스템도 보이게 된다. 그러므로 반드시 정독하여 시스템의 눈이 장착되는 귀한 배움의 기회가 되기를 소망한다.

가정을 시스템으로 이해하는 것은 매우 중요한 개념이다. '가족', '가정', '시스템'은 정리되지 않은 언어로 혼동을 일으켜왔다. 이제 이 단어들을 세분화하여 정의하고, 상세히 이해할 수 있도록 언어를 정리했다.

[가족 ≠ 가정] 가족과 가정은 다른 단어이다

[가족 = 사람] 가족은 사람들이다

[가정 = 시스템] 가정은 시스템으로 작동한다

이 책이 각자 자기 이익에 부합하는 신념과 이념의 전쟁을 치르고 있는 이 시대 우리 가족에게 가장 적절하고 건강한 가정 시스템적 언어 사전을 제공할 수 있기를 소망한다. 이제 더 이상 가정에서 병과 중독으로 소통하지 말자. 건강한 언어를 구축하여 자기를 적절히 표현하는 방법을 배워 건강한 관계를 형성하고, 어려운 상황을 돌파하고 이겨낼 수 있는 건강한 가족들이 되기를 바란다.

주님의 크신 사랑과 은혜와 평강과 건강이 모든 하나님의 가족들에게 임하기를 축복한다.

도은미 목사

프롤로그

1부

가정 시스템

2부

가치 시스템

3부

감정 시스템

4부
관계 시스템

5부
권력 시스템

6부
집행 시스템

에필로그

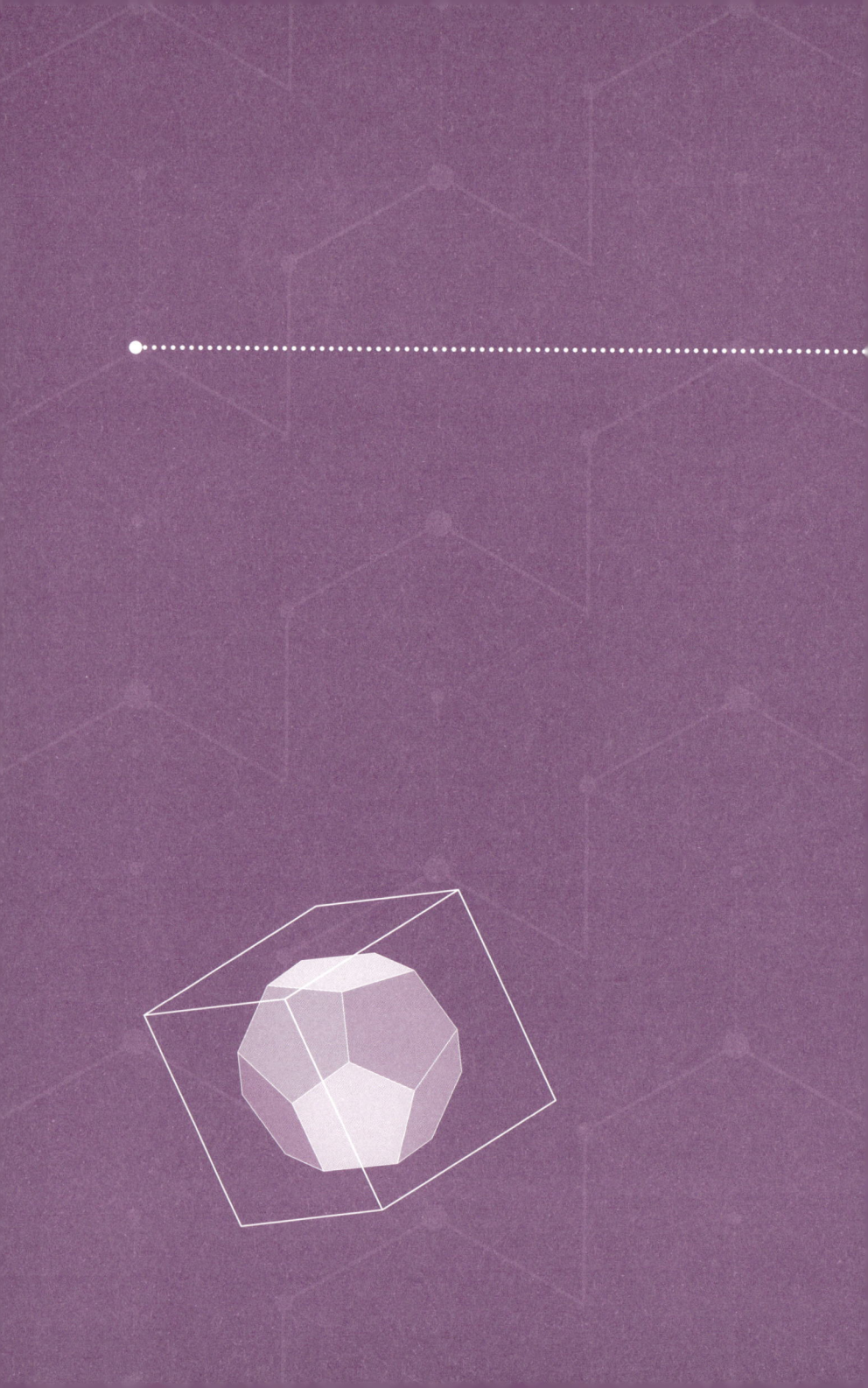

01 가정 시스템

가정 시스템을 작동하는 마스터

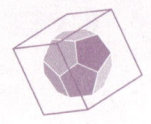

가족과 가정은 그 개념이 명확히 구별되는 단어이다. 가족이 혈연관계로 맺어진 사람들의 집합을 의미한다면, 가정은 그 구성원들이 삶을 영위하는 생활 시스템이다. 혈연으로 연결된 가족은 그 자체로 매우 독특하며, 그 특성상 임의적인 변화가 불가능하다. 새로운 가족 구성원을 맞이하여 또 다른 가정 시스템의 독특한 조합이 이루어지는 것은 오직 '결혼'이라는 행위를 통해서만 가능하기 때문이다.

가족 개개인의 특성은 서로 다르다. 그렇기 때문에 건강한 가족이라는 보편적이고 공통적인 이론을 세우는 것 자체가 불가능하다. 그러나 만약 가족 구성원들이 공통으로 원하고 지향하는 특정 가치가 존재하고, 그들이 살아가는 가정 시스템에 공통된 원리가 내재되어 있다면, 그것을 공통분모로 하는 건강한 가정 시스템의 기준을 제시할 수 있을 것이다. 이러한 접근방식은 가족을 이해하고 설명하는 데 필요한 실마리를 제공한다. 가정생활은 이미 정해진 사회 시스템 안에 구조적으로 묶여 있으니 가정을 '시스템'으로 이해하는 것이 훨씬 쉽고 실용적이기 때문이다.

시스템은 변화 가능한가?

이미 기본적으로 작동하고 있는 시스템은 명확한 존재 이유가 있으며, 본성적으로 변화하지 않으려는 경향을 갖기 때문에 다른 판으로 재부팅을 시도하지 않는 한, 그 시스템은 변화가 불가능하다. 한번 습관화된 시스템은 스스로 힘을 키워 가족을 지배하려 한다. 그 힘은 많은 시간과 에너지를 투자하여 구축된 것으로 시스템의 힘과 권세는 대단하다.

하지만 알다시피 세상에 완벽한 시스템은 없다. 자동적으로 작동하던 시스템이 원활하게 작동하지 않는 순간들이 잦아지면, 이는 시스템에 오류가 발생했다는 명확한 징후이며, 그 결과는 불편과 혼란으로 나타난다. 이 불편함으로 인해 가족 구성원 간의 불만족과 불평이 만만치 않게 쏟아진다. 시스템에 오류가 발생하는 근본적인 이유는 자동으로 작동하던 방식이 가족 중 누군가에게 불편을 초래했고, 그 불편을 해소하려는 소망이 시스템에 균열을 만들었기 때문이다. 견고한 진(陣)처럼 보였던 시스템도 가족 중 단 한 사람이라도 변화를 원하는 움직임을 보인다면, 힘을 잃고 원활한 작동이 불가능해진다.

　가정 시스템은 다음과 같은 상황과 조건에 따라 반드시 변화해야 한다. 부모와 함께 자녀로 살았을 때, 자녀가 성장하여 독립했을 때, 자녀가 결혼했을 때, 그들이 자녀를 낳았을 때, 사고로 가족이 다치거나 큰 피해를 입었을 때이다. 이런 상황에서 가정 시스템의 변화는 더욱 불가피하다. 그러나 이런 변화의 상황을 고려하지 않고 시스템이 변화하지 않는다면, 결국 병자가 발생하고 중독이 만연하게 된다. 원래 건강한 시스템이라면 상황과 조건의 변화에 따라 시스템도 자연적으로 변화 가능한 것이 마땅하다.

　시스템은 그 자체가 견고한 진이다. 가족들을 옭아매고 강력하게 통제하며 다스릴 경우, 변화는 요원하여 쿠데타가 일어나는 상황을 초래한다. 이것은 시스템의 판을 갈아야 할 개혁이나 혁명의 상황과 같다. 이런 변화를 성취하기 위해서는 단순한 상황이나 조건보다 더 큰 언어(비전)가 준비되고 뒷받침되어야 한다. 물방울이 바위를 뚫으려면 오랜 세월이 필요하듯, 변화에는 지속적인 시간이 필요하기도 하다. 상한 단어 하나 바꾸기를 일관성 있게 매일 반복하고 지속한다면, 작더라도 시스템 안에서 변화가 반드시 일어난다.

　부부, 부모와 자식 개개인, 그리고 그 관계에 대해 논하는 것은 너무 광범위하고 복합적이며 개인적인 주제이기에 변수가 많다. 부모와 두 자녀로 이루어진 가족이라 할지라도, 이 가족과 저 가족은 천차만별이어서 만 가지 설명으로도 부족하다. 따라서 가족을 가정 시스템으로 설명하려는 시도는 어렵지만 반드시 이루어야 한다. 가족이 어떻게 작동하는지를 시스템으로 설명하면 명확한 분별과 설명, 그리고 이해가 가능해지기 때문이다.

가장 힘센 자

시스템이 형성되는 것보다 선행되어야 하는 것은 어떤 언어 시스템을 사용할 것인가 하는 점이다. 이미 작동하고 있는 시스템은 일관성 있게, 반복적으로, 지속되는 언어 시스템의 결과이다. 누군가 자신의 언어 시스템을 가족 시스템으로 작동시키고 있다면, 그 사람은 가족 구성원 가운데서 가장 말발이 센 사람일 가능성이 높다. 그처럼 말발이 센 사람이 일관성 있게 반복적으로 오늘도 그 언어와 그에 걸맞은 행동을 지속하고 있다면, 그 사람의 언어 시스템이 곧 가정 시스템화 되어 있을 가능성이 높다. 그 가정의 운영 방식은 그 사람의 말발이 좌우하고 있는 것이다. 시스템의 약육강식 규칙은 정글과 같아서 강자에게 가장 적합한 환경을 만들어낸다. 이 원리를 잊지 말아야 시스템을 정확히 이해할 수 있다.

남편이 몇 개월째 한집에서 말 한마디 없이 남처럼 지내고 있습니다. 저는 잘못한 것이 없는데도 여러 말로 사과를 시도하고, 심지어 무릎을 꿇고 빌어봤지만, 남편이 전혀 받아주지 않고 있어요. 이런 상황이 억울해서 당장이라도 따로 살고 싶은 마음이 간절합니다. 그러나 두 아들이 아직 결혼 전이라서 제가 할 수 있는 것은 그저 기다리는 것뿐입니다. 상황을 알면서도 때때로 치솟는 울분 때문에 이성을 잃을 것 같아요. 당장이라도 이혼하고 싶어요. 제 처지가 답답하고 한심하네요. 어떻게 해야 할지 막막합니다.

이 가정의 시스템을 실제로 가동하고 통제하는 자는 남편이고, 그가 그 가정의 강자이다. 그가 사용하는 언어가 그 집의 시스템을 작동시킨다. 그는 알 수 없는 명분을 내세워 침묵으로 가족 전체를 위협하여 가족을 확실하게 자기 발아래 둔다. 이는 자신이 이 집의 왕임을 드러내는 짙고 깊은 허세에서 비롯된 것이다. 열등감에 빠진 못난이의 허세이며, 절대 내려놓지 못할 크리스털처럼 연약한 왕권이다. 떨어뜨리는 순간 깨지기 때문에 그는 더욱 깊은 침묵으로 왕권을 지켜나가는 것이다.

가정 시스템에서 '힘센 자' 혹은 '강자'가 무엇으로 그 힘을 갖게 되었는지는 그리 중요하지 않다. 그것이 경제력이든, 학력이든, 못된 성질이든, 폭력성이든, 혹은 집안 배경, 부, 외모 무엇이든 상관없다. 중요한 것은 그것이 힘을 발휘하고, 자기의 '말발'이 서게 하며, 강한 자가 되도록 돕는다면 모두 허용된다는 점이다. 가정 시스템은 그 사람의 무대가 되어 강자가 원하는 대로 구성되어 간다. '가장 힘센 자'가 시스템에서 일인자로 자리매김하고, 시스템은 그 일인자를 위해 모든 기능을 다하기 시작한다.

마스터의 등장

시스템은 누가 만들었든지 상관없이 항상 '블랙홀'이 존재한다. 시스템을 만든 사람의 해결되지 않은 사연이 만들어내는 부작용 때문이다. 구체적으로 그가 경험으로 축적하고 건축한 '개인의 모국어'와 그 '모국어의 주제', 그리고 그 주제가 휘두르는 '주제 감정'이 있다. 그것이 시스템의 바닥을 드러내고 구정물을 흘려보낸다. 그렇기 때문에 겉으로 드러난 모습은 만능 해결사 같아도, 그 사람의 풀리지 않은 사연이 모든 부정적인 힘의 원천이 되어 시스템을 비틀거리고 넘어지게 하는 장애물, 끊임없이 빠지는 어둠의 늪이 되게 하나.

상처가 많을수록 그 사람은 더욱 간절히 강자가 되기를 원한다. 때로는 '드러난 약자'로 자리매김하여 '은밀한 강자'로 힘을 발휘하는 자들도 있다. 그들은 '드러난 강자'의 그늘 밑에서 2인자의 역할과 기능으로 권력을 휘두른다. 때로는 강자를 은밀하게 방해하기도 한다. 그러나 그들은 강자를 앞지르지는 못한다. 강자는 많은 상처가 놀라운 에너지원이 되어 자기가 깔아놓은 판에서 롤러코스터를 타듯 미친 듯이 지휘봉을 휘두른다.

강자는 무척 현란하게, 무척 난처하게, 무척 혼란스럽게, 무척 짜릿하게, 무척 험하게, 무척 집중해서 오선 줄에 줄을 덧대가며 난폭한 음표를 찍어댄다. 난리법석인 음악은 매번 관계의 엇박자를 내고 흉측한 작품을 만들어낸다. 이렇듯 가정 시스템에서 자기 마음대로 미친 듯이 지휘봉을 휘두르는 강자가 바로 '마스터'이다.

시스템의 운명

가정 시스템 안에서 강자인 마스터는 해결되지 않은 사연이 많은 사람이다. 해결되지 않은 사연은 매 순간 그 사람을 옭아매는 족쇄이자 한 번도 경험해보지 않은 오늘마저 미해결의 시공간으로 끌고 가는 자석과 같다. 스스로도 해결되지 않아 고통스러워하면서 해결되지 않은 방식 그대로 당면한 문제를 해결하려 한다. 아는 것이 그것뿐이기 때문이다. 따라서 생활의 평균 점수는 결국 사연의 수준을 넘어서지 못한다. 사회적 성공으로 부자가 될 수는 있지만, 관계 영역은 항상 마이너스 통장을 면하지 못하게 되는 것이다.

사람은 자신이 소유한 언어만큼 생활한다. 사연을 가진 자는 사연적 언어를 자신의 개인 모국어로 삼아 살아간다. 이는 사연으로 자신의 언어판을 깔았다는 뜻이다. 이제 그 언어판에서 생산하는 언어 외에 다른 모든 언어는 외국어이니 알지 못하고, 서툴러서 사용할 수도 없다. 그는 자신의 모국어 외에 다른 것은 알고 싶어 하지도 않으며, 새로운 언어는 절대 배우려고 하지 않는다. 따라서 그 모국어의 수준 이상을 살아낼 수 없는 것이다. 사람은 말만큼 그 자신이다. 이 사실을 잊지 말아야 한다.

따라서 우리의 사연이 가슴에 품고 살아갈 만큼 소중한 언어가 되어서는 안 된다. 그것은 그저 아프고 슬프며, 부정적이고 악한 언어로 취급하고 지나쳐야 한다. '사연'은 과거적이고 부정적인 언어이므로 다시 접하지 말아야 한다. 좋은 교훈 하나만 얻어 정리하라. 그 사연 자체는 다시 사용하지 말아야 할 금지 언어이다. 마치 무엇을 먹고 체한 것 같은 언어로, 그래서 재차 체하게 되기 때문이다.

삶에서 문제는 항상 커지고, 상처는 더욱 막강해진다. 막강한 상처는 개인의 모든 일을 조종하고 간섭한다. 매번 해결하려고 시도해도 관계는 막히고, 성공하려고 애를 써도 사람은 망가진다. 그렇기 때문에 사연이 많고, 상한 감정으로 똘똘 뭉쳐서 살아가는 사람이 가정의 마스터라면, 마스터의 상한 힘이 가정에 존재하는 모든 건강함을 억누른다. 그것이 그 가정 시스템의 운명이다.

연약한 마스터

성실하게 일하는 남편이 상처가 많은 아내의 눈치를 보는 가정 시스템이 존재한다. 남편은 아내를 무척 사랑한다. 예수님을 구세주로 영접한 신앙인으로서 아내를 더욱 사랑해야 한다고 매일 다짐한다. 남편은 가정을 지탱하는 데 필요한 거의 모든 일을 혼자서 감당한다. 그러던 중 사업이 급작스럽게 실패하여 큰돈을 잃게 되었다. 순식간에 일어난 일이라 왜 망했는지 자신도 제대로 설명할 수 없을 정도였다. 그 일로 예민한 아내는 더욱 쇠약해졌고,

정신이 쇠약해진 아내 마스터를 이길 방법이 없게 됐다. 모든 것을 다 하는데, 아무것도 하지 않고, 그저 약하고 아프기만 한 아내가 매번 시스템의 승자가 되는 것이다.

아내 마스터의 연약함과 쇠약함은 이 가정 시스템에서 가장 강력한 무기이다. 워낙 민감하고 날카로우며 항상 위태로운 아내를 건드리지 않는 것이 시스템을 안정시키는 유일한 방법이라고 남편은 믿었기 때문이다. 더구나 남편은 자신의 실수로 아내가 더욱 쇠약해졌다고 믿으며, 현재의 상황으로는 아내를 회복시킬 수 없다고 판단한다. 그러니 스스로 하인이 되어 병든 아내를 섬기는 것이 최선이라고 결론짓는다. 연약하고 쇠약한 아내 마스터는 그 일관성을 매일 반복하여 오늘도 그 성실한 머슴을 자신의 종으로 부리며 살고 있다.

어떤 마스터든 정도의 차이만 있을 뿐, 웬만큼 다 상해 있다. 그 상함의 심각성은 다를지라도, 병들지 않은 마스터는 존재하지 않는다. 병든 마스터가 가정 시스템을 작동시키고 있으니 시스템은 그 마스터만큼 상하고 병든다. 그 안에서 생활하는 가족들은 마스터의 상한 감정 시스템의 노예로 살아가게 된다. 감정 노예가 육적 노예보다 더 쉽게 병드는 이유도 여기에 있다.

화를 폭발하는 마스터

이 씨는 매우 폭력적이다. 어릴 때부터 안정된 가정 시스템에서 살아보지 못했기 때문에 기본적인 가족 질서 같은 것은 잘 모른다. 아버지는 가끔 나타났고, 엄마는 항상 분주했으며, 이름 모를 동네 아저씨들이 들락거렸고, 엄마가 밥을 짓거나 빨래하는 모습은 본 적이 없다. 가끔 과자 봉투를 던져주거나 짜장면을 사줬다. 여섯 살 때부터는 밥솥에 밥하는 방법과 라면 끓이는 방법을 스스로 터득해야 했다.

어느 날 엄마가 어떤 아저씨와 도망갔다는 소리를 들은 후로 엄마 소식을 듣지 못했다. 뒤늦게 나타난 아버지가 자신을 무서운 할머니 집에 맡겼는데 할머니는 그를 몹시 구박했다. 그러다가 할머니마저 더 이상 그를 돌볼 수 없게 되자 아버지는 1년만 기다리라는 말을 남기고 그를 고아원에 보냈다. 하지만 그가 고아원을 나가야 하는 나이가 될 때까지 아버지는 그를 찾아오지 않았다. 혹시나 하는 마음에 옛 엄마 집과 할머니 집을 찾아갔지만, 모두 이사 가고 그들을 아는 사람이 없었다. 나중에 알게 된 사실인데, 이 씨의 아빠 엄마는 불륜관계였고 그 사이에서 이 씨가 태어난 것이었다.

이 씨는 화가 많은 사람으로 성장했다. 자기를 버린 아빠와 엄마, 할머니 그리고 이 세상까지 모두 원망스러웠다. 고아가 아닌데 고아로 살아야 하는 것이 너무 가슴 아팠다. 아무도 원치 않는 아이, 버려진 아이, 태어나지 말았어야 하는 아이, 모두에게 짐만 되고 귀찮은 아이, 하찮은 아이, 값없는 아이, 이 씨는 이 세상에 없어도 되는 그런 아이였다.

　하루아침에 고아원에 버려진 자신이 너무 가엾고 애처로워서 벌컥벌컥 화가 났다. 학교도 제대로 다니지 못했다. 고아들 사이에서도 화를 참지 못해 싸우고 대들고 욕하고 물건을 집어던지는 문제아로 찍혔다. "난 억울해! 내가 뭘 잘못했다고 나한테 이러는 거야!"라고 소리쳐봤자 들어줄 사람도 없었다. 날 좀 알아달라는 여러 종류의 메시지는 더욱 성실하고 악랄하게 집행되었다.

　이 씨는 성인이 되어 결혼하고 자녀도 낳았다. 그러나 아내와 자녀들이 열심히 일하는 아빠를 알아주지 않는다고 느끼면 불같이 화를 냈다. 사람들이 흔히 '분노조절장애'라고 하는데 그에게는 그만한 이유가 존재하기 때문에 '장애'라는 말은 불공평하고 황당할 뿐이다. 당연히 화를 내지 않아야 한다는 것을 안다. 그러나 화를 내지 않으면 자신이 어떤 상황 속에서 살고 있는지 사람들이 모를 것 같다. 화를 내면서라도 자신을 버린 나쁜 사람들, 자신을 홀대했던 이들을 고발하는 메시지를 전달하는 것이다. 그러니 그 화를 어찌 참을 수 있겠는가.

　직장에서도 마찬가지이다. 동료들이 자신을 무시하고 왕따 시키는 것 같으면 화가 치솟는다. 인정할 일을 인정하지 않고 억지로 자신을 비하하면, 곧 화가 치밀어 그 화가 자신을 삼켜버리는 듯한 경험을 반복한다. 화를 참을 수 없다는 사실은 너무나 두려운 일이다. 불같이 화를 내지 않아도 문제를 해결할 수 있는데, 끝내 참지 못하고 화낸 것을 매번 후회하지만 막상 사건이 터지면 또다시 그대로 행동한다.

이 씨는 상한 감정의 강자이자 풀리지 않은 이야기를 가진 사연자이다. 버림받은 절망감과 비참함은 오직 자기의 언어만으로는 표현이 불가능하다. 남에게 버려진 일이라면 이유를 찾아볼 수 있지만, 부모와 할머니로부터 버려진 사실은 이해가 불가능하다.

따라서 이 씨의 분노는 버림받음, 무시당함, 왕따, 억울함 등의 버튼이 건드려질 때마다 계산할 수 없는 화로 폭발하는 것이다. 당연히 화를 낼 만하다. 누가 토를 달 수 있겠는가. 그러나 자기 사연에 합당한 화라고 해서 모두에 정당한 것은 아니다. 다른 사람들 역시 사연자이긴 마찬가지이기 때문이다. 그 화를 순순히 받아줄 사람은 이 세상에 존재하지 않는다.

화는 풀리지 않은 사연과 그에 따른 상한 감정을 드러내는 이차적인 감정일 뿐이다. 그 사연을 온전히 표현하기 위해 대체 얼마나 많은 화를 내야 하는가. 이 씨의 입장에서는 화를 내서라도 자신을 풀어내고 싶은 심정일 것이다. 아무도 이 감정 공식에 대해서 뭐라 할 자격은 없다. 어떤 설명이나 해명, 변명도 그에게는 소용없는 자극일 뿐이다. 오히려 시작된 화에 기름을 붓는 행동이 될 가능성이 크다.

마스터, 더 큰 상한 감정의 소유자

한 사람의 상한 감정은 온 가족과 주위 사람들에게 지대한 영향을 미친다. 일 처리 능력도 좋고 평상시 사회성도 뛰어나 웬만하면 참을 줄 아는 사람도 막상 특정한 '알람'이 울리면 비상구는 단 하나뿐이라는 식으로 문제를 해결한다. 아무 잘못도 없는 가족은 매번 폭발하는 화산의 용암에 휩쓸려 간다. 용암에 화상을 입은 가족은 이 씨의 것과 다른 종류의 버림받음을 경험할 수도 있다. 아버지가 매번 이유 모를 큰 화로 가족에게 상처를 입히고, 가족이 지속적인 폭행을 당한다면 그 피해가 아버지의 버림받음보다 결코 덜하다고 할 수 없다.

사연의 강자가 가정 시스템의 마스터일 경우, 상한 감정이 시스템 자체를 지배하는 불상사가 발생한다. 사연이 많은 리더의 집행은 필연적으로 사연의 색깔을 피할 수 없다. 그 마스터의 집행은 대개 자기중심적이고 이기주의적이며, 고집불통적이고, 문자 그대로 안하무인이다. 마스터는 사연의 강자가 되어 가족을 약자로 만들고, 가정을 식민지화한다. 마스터 장본인은 자신이 그러고 있다는 사실조차 인지하지 못한다. 그는 자기 말만 옳다고 여기며, 가족들의 말은 경청하지 않는다. 무조건 그의 방법을 따라야 하며, 그 과정에서 가족 구성원 각자의 인격체는 소멸된다.

이런 마스터 시스템은 더 포악한 강자의 출현이나 쿠데타를 통한 판 뒤집기, 이 두 결과 중 하나로 이어진다. 여기서 반드시 짚고 넘어가야 할 점은 다음 강자가 더 큰 상한 감정의 소유자일 수도 있다는 사실이다. 따라서 그런 사람의 쿠데타가 시스템을 개선하고 선순환적으로 만들 것이라고 보장할 수는 없다.

착한이 마스터

착한이 마스터는 착한이 증상을 지니고 있는 자이다. 그는 사랑하기에 착하다고 주장하지만, 이는 사실 자기 연민적인 사랑에 불과하다. 그렇기 때문에 막상 일이 터지면 자기 보호가 불가능해진다. 상대에게 끌려다니고, 착해야 한다는 강박 때문에 맺고 끊는 것에 서툴다. 착한 성향 때문에 이용당하기 일쑤이며, 항상 피해를 입는 자리에 머물러 있다. 그러면서도 자기 자신을 위로한다. '나만 참으면 모든 것이 좋아진다', '나만 가만히 있으면 모든 것이 다 제자리로 돌아온다'라고 믿으면서 말이다.

당연히 가족들은 이 착한이 증상을 가지고 있는 착한이 마스터를 최대한 활용한다. 짜증을 내고, 화를 내며, 삐치고, 욕하고, 심지어 폭력까지 가한다. 무엇 하나 책임지지 않는 가족들은 착한이 마스터의 착함을 이용해 자기들의 유익을 빼먹는다. 그러나 착한이 마스터는 착해야 한다는 자기 언어가 워낙 강하기 때문에 어떤 불이익이나 피해, 상처까지도 자기 탓으로 돌린다. 그리고 최선을 다해 가장 좋은 결과를 내야 한다는 사명으로 살아간다. 잘못되는 일이 발생한다면, 당연히 자기 책임이고, 자신이 최선을 다하지 않아서 발생한 일이라고 생각한다. 상한 감정은 상한 만큼 자기 생활을 설계하고, 결국 시스템이 된다.

공 씨는 어머니가 일찍 돌아가신 후 아버지의 술주정을 받으며 성장했다. 사는 것이 의미 없고 아무것도 하고 싶지 않다며 어린 딸 앞에서 눈물을 흘리는 아버지의 술 수발을 들면서, 공 씨는 이 모든 불행이 다 자기 잘못이라고 생각하게 되었다. "너만 아니었으면 네 어미가 죽지 않았을 거다"라는 아버지의 말은 그녀의 모든 미래를 뒤엎는 충격이었다. 공 씨는 자신이 무엇을 잘못해 엄마를 죽게 했는지 알지 못하면서 모든 일을 자기 탓으로 돌리는 중독에 빠진 것이다. '내가 조금만 더 잘하면 돼', '내가 조금만 더 참으면 돼', '내가 조금만 더 손해 보면 돼', '내가 조금만 더 기다리면 돼', '내가 조금만 덜 먹으면 돼', '내가 욕심부리지 않으면 돼'라는 언어가 그녀를 지배한다.

공 씨는 자신을 사랑한다는 남자와 결혼했다. 너무 문제가 많아 어떤 사람하고도 결혼하지 못할 것이라는 생각 때문에, 그 사람을 살려보겠다는 사명감과 그가 행복해지기를 바라는 소망으로 결혼했다. 그러나 남편은 일할 생각이나 아내를 책임질 생각이 전혀 없으며, 도박과 외도로 세월을 보냈다. 그러나 공 씨는 남편의 말처럼 자신이 예쁘지 않아서, 매력이 없어서, 섹시하지 않아서, 부잣집 딸이 아니라서, 일을 잘 못해서 남편이 일도 안하고 방황한다고 믿었다. 언제나 무엇이든지 자기가 더 잘해야 한다는 강박에 사로잡혀 모든 일을 처리하고, 모든 문제를 해결하는 마스터로 살아간다.

자기 연민적인 사람은 자신의 진짜 문제를 해결하지 못한다. 모든 문제를 다 처리하려 해도, 자신이 문제라는 생각은 하지 못한다. 그렇게 생각하는 순간 무너져버릴 것을 본능적으로 알기 때문이다.

열등한 마스터

마스터가 열등감을 느낄 경우, 그 열등함을 감추기 위해 더욱 위세를 부린다. 당연히 가족들은 그 마스터보다 더 열등한 위치에 있는 사람들이 된다. 마스터를 '남자'라고 가정하면 이해가 쉬울까? 흔히 아내나 자녀를 존귀하게 여기지 못하는 이유는 그들을 자기보다 못한 존재라고 여기기 때문이다. 자신을 위해서라면 수백만 원짜리 양복도 쉽게 사 입으면서 아내나 자녀를 위해서는 셔츠 한 장도 합당한 이유가 있어야 살 수 있다. 정말 찌질하고 못났다.

"너 늙으면, 나한테 붙어서 살 생각 하지 마! 네 노후는 네가 알아서 준비해! 국물도 없어!" 박 씨는 자녀 셋을 낳아 기르는 동안 단 한 번도 산후조리를 제대로 해보지 못했다. 꽤 유능한 직장여성이던 그녀가 결혼 후 남편에게 마치 무급 식모 취급을 받으며 노후도 알아서 하라는 극단적인 통보를 받는다. 일일이 따져 묻고 다투고 싶지만, 어린 자녀들에게 피해가 갈까 매번 넘어가주었다.

그런데 그 침묵이 열등한 마스터를 키우게 되었다. 마스터는 매사 비교하고 비아냥거리며 자신의 우월함을 드러내서 이 집에서 자신이 왕임을 확인한다. 심지어 남편은 항상 생활비를 부족하게 준다. 그래서 박 씨는 틈틈이 아르바이트를 하여 필요한 용돈을 충당해야 했다. 결국 박 씨는 넷째의 출산과 독박 육아까지 홀로 감당하게 된다. 몸과 마음은 지쳐갔지만 순종하는 것이 아내의 몫이라 믿고 이를 악물고 버티고 있다.

그러나 인내심은 바닥이 났고, 온유함도 말라버렸다. 남편은 꼴도 보기 싫고, 목소리마저 진절머리가 처진다. 무엇이든 아내와 키재기를 하는 열등감에 젖은 남편이 더 이상 사람 같지 않다. 이제 더 이상 관계를 돌이킬 여지가 없다. 그렇지만 아이들이 불쌍해서 결국 그 구덩이에서 빠져나오지 못한다. 어쩔 수 없다. 막내가 클 때까지 버티는 수밖에….

열등한 마스터는 자기보다 못한 사람을 우습게 여긴다. 말 그대로 모든 일을 갑질로 해결한다. 오직 자기만 자기의 열등함을 인지하지 못한다. 그는 자신이 우러러볼 수 있는 사람을 짝으로 고른다. 하지만 막상 짝이 되면 반대로 자기의 우월함을 어필하는 데 필사적이다. 최근 모 드라마에 열등한 마스터의 전형적인 캐릭터가 등장했다. 생활비를 주지 않고 카드를 정지시키는 등 대부분 돈으로 자기 세력을 과시한다. 그는 상대의 약점을 자기의 강

점으로 여기고 갑질을 마다하지 않으면서도 양심의 가책이나 부끄러움을 모른다.

열등한 마스터는 자녀들에게도 자신이 더 힘 있는 자라는 사실을 증명하려고 애쓴다. 자기 권위에 맞서는 어떤 사람도 용납하지 않는다. 그러나 자기보다 확연히 월등한 사람에게는 온갖 아첨을 마다하지 않는다. 열등한 마스터의 힘 자랑과 자기 과시, 그리고 아첨이 눈물겨운 것은 그가 자기의 열등함을 알면서도 가정에서만큼은 월등한 왕이 되어야 한다는 처절한 허기짐 때문이다. 못난이라도 자신이 왕임을 증명해야 하는 절실함이 그의 내면에서 성실히 작동하고 있기 때문이다. 열등감이 쌓여 높고 난난해지면 그것은 교만이 된다.

눈치 달인 마스터

특별한 능력도, 재주도 없지만 분별력과 판단력이 누구보다 빠른 사람이 있다. 바로 눈치가 빠른 사람이다. 이런 사람이 가정 시스템의 마스터가 되면 가족이 미처 생각하지 못한 것까지 미리 알아차리기 때문에 가족들이 항상 들킨 것 같은 느낌이 들게 만든다. 눈치 달인 마스터는 눈이 팽팽 돌아간다. 눈치 달인 마스터가 운영하는 가정은 눈치 빠른 사람들을 생산한다.

사실 눈치 달인 마스터는 절대 존경받는 마스터가 될 수 없다. 그다지 뛰어나지도 않으면서 눈치력 하나로 마스터가 되었으니,

아무도 자신을 마스터로 인정하지 않는 분위기 속에서 스스로 마스터임을 확인하고 알려야 하니 항상 속이 시끄럽다. 가족들에게 필요할 때만 이용당하는 것 같아 화가 나지만 그 화를 드러낼 수 없다. 가족들이 너무 당연한 듯이 여기니, 속에서 솟구치는 불을 끌 수가 없다.

기만적 마스터

가정 안에서 벌어지는 헤게모니 싸움은 상상 이상으로 치열하다. 마스터가 원하는 주권을 확보하고 마음대로 권력을 휘두를 수 있는지의 여부는 생존이 걸린 문제다. 온 가족이 이처럼 보이지 않고 들리지 않는 전쟁을 매일 치르고 있기 때문에 그들은 높은 스트레스 속에서 살아간다. 특별히 '기만적인 마스터'가 시스템을 운영할 경우, 거짓말, 표리부동, 가스라이팅, 위협, 협박 등이 만연하다. 그럼에도 불구하고 타인의 시선에는 완벽한 가정으로 보여야 한다는 강한 메시지가 존재한다. 이 이중생활의 압박은 엄청나다.

강 씨는 정직한 사람보다 스마트한 사람을, 우직한 사람보다 상황 판단이 빠르고 실용적인 사람을 선호한다. 원리와 원칙을 따지는 사람 대신 눈치 빠르게 융통성을 발휘할 줄 아는 사람을 더 좋아한다. 자신이 정직을 부르짖는 동안, 누군가는 더럽고 지저분한 일을 알아서 처리해주기를 원하는 것이다.

아내는 아무 능력도 없으면서 청렴, 결백, 정결, 순결 등의 언어만을 고집한다. 굶어 죽을지언정 나쁜 짓은 절대 거부한다. 강 씨는 자신의 체면을 세워주기 위해 알아서 손발이 되어주지 않는 아내에게 지속적으로 분노한다. 그런 아내 때문에 그는 더 거짓말하고, 속이고, 그럴듯하게 꾸며서 말하게 된다. 강 씨는 이 사실이 너무나 싫다. 자녀들에게 '좋은 모습'을 보여주기 위해서 거짓말은 평화를 유지하기 위한 기본 도구이자 수단이 된다. 가스라이팅 역시 어쩔 수 없이 사용해야 하는 절실한 무기이다. 그것을 사용하지 않으면 말이 먹히지 않고, 정상적인 관계 자체가 불가능해지기 때문이다.

거짓으로 시작된 가정과 세상에서 그에게는 거짓만이 유일한 건축 재료가 된다. 그러나 날이 갈수록 상황이 어려워지고 거짓이 통하지 않으니, 이제 거짓을 진리처럼 위장해야 한다. 진짜 진리만을 사용하면, 모든 것이 한순간에 무너지기 때문이다. 기만적 마스터에게 진리는 파괴적인 결과를 초래하며, 결국 시스템은 망하게 되는 것이다.

바지사장 마스터

무엇이든 대충 처리하는 마스터가 바로 바지사장 마스터이다. 그는 자신이 원하는 것, 좋아하는 것에만 관심을 가지며, 그 외의 것은 모두 대충 넘긴다. 가족에 대해 세세히 알지 못하지만, 그렇다고 완전히 무지하지도 않다. 이 얼렁뚱땅 마스터는 모든 것을 진정성 없이 대충 처리한다. 그는 본질적으로 나쁜 사람은 아니다. 그러나 시간이 지날수록 신뢰할 수 없는 마스터로 자리매김하게 된다.

그는 사람들이 보기에, 혹은 문화적 관습 때문에 마스터로 세워지긴 했지만, 역량은 턱없이 부족하다. 그렇다고 대놓고 그를 시스템에서 제외할 수도 없다. 개인의 인품, 배경, 능력 면에서 누구에게도 뒤지지 않아 개인으로는 자존감도 높은 좋은 사람이다. 하지만 지도자로서의 풍모를 지니지는 못했다. 그는 책임과 의무는 다하지만, 모든 필요를 일일이 일러주고 채워줄 훌륭한 비서가 필요하다는 한계를 지닌다.

혀끝 마스터

혀끝 마스터는 물, 양말, 재떨이, 리모컨, 담배, 커피, 술 등 단어만 사용하여 아내에게 끊임없이 명령을 내리며, 가장 적은 에너지를 들여서 자신의 모든 필요를 충분히 채우려 한다. 필요한 모든 것이 그의 혀끝에서 해결된다. 긴말도 필요 없다. 그는 그의 한마디에 온 가족이 알아서 움직여야 하는 시스템을 작동시킨다. 원하는 대로 되지 않으면 인상을 쓰며 욕설과 폭행으로 일관한다. 자기 힘을 과시해야만 복종을 얻을 수 있다고 믿기 때문이다.

세월이 흐르며 가족들이 저항하더라도 마스터는 더 심한 눈 흘김과 험한 욕, "야!", "이것들이!", "이 집에서 살기 싫으면 나가!",

"죽고 싶어?" 등의 언어로 협박과 위협, 엄포를 놓아 가정은 으름장 천지로 변한다. 그는 누구도 자신의 자리를 흠집 내거나 틈타지 못하도록 철통같은 수비와 비열한 공격을 서슴지 않는다.

이 외에도 여러 스타일의 마스터가 존재한다. 어떤 가정 시스템 안에서 마스터의 역할을 하고 있느냐에 따라 그 스타일이 드러난다. 이제부터라도 가정 시스템의 작동 방식을 잘 이해하여, 가정이 건강한 시스템으로 작동할 수 있도록 힘과 능력을 다하는 마스터가 되어야 한다.

02
상한 만큼 시스템이다

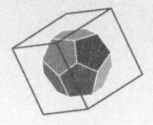

마스터의 책임감이란 믿음에 의지를 더하는 것이며, 실력에 헌신을 더하는 것이고, 야망에 희생을, 그리고 진리에 사랑을 더하는 것이다. 마스터는 우선 사연적으로 강력하며, 누구의 반론에도 흔들리지 않고 자신이 마스터가 되어야 할 합당한 명분을 쥐고 있는 사람이다.

예화로 소개된 정신적으로 쇠약해진 아내 마스터는 남편 때문에 상처받아 정신 쇠약증을 앓고 있다는 강력한 명분을 지닌다. 이 상황에서 남편의 '머슴' 역할과 기능은 마땅히 정당한 것으로 간주된다. 남편은 힘들고 괴로워도 아내에게 불평해서는 안 된다는 관계의 법이 작동하는 시스템 속에서 살고 있는 것이다.

만약 아내보다 남편이 더 큰 사연자로 사업에 실패하자 방구석에 틀어박혀 식음을 전폐하고 울증에 빠져 자살까지 시도하는 상황이라면 어떨까? 아내가 감히 정신 쇠약증을 호소하며 자신의 연약함을 마음껏 드러낼 수 있었을까? 그럴 수 없다.

만약 남편이 자신의 수고와 고생을 "처자식 벌어먹이려고 한 생고생"으로 정의하며, "세상에 망하고 싶은 사람도 다 있어? 당신은 그동안 내가 벌어다준 돈으로 뭐 했어? 하나님께 기도라도 열심히 했어야지? 당신은 나에 대해 관심도 없지? 나는 열심히 성실하게 일한 죄밖에 없는데 내가 왜 망해야 해? 아내가 되어 가지고 당신은 도대체 도움이 되지 않아"라고 원망하며 자신의 판을 더욱 굳히는 마스터라면, '당신의 잘못 때문에 정신 쇠약증에 걸렸다'는 아내의 명분은 소용없는 일이 된다. 당연히 아내는 '연약한 마스터'의 자리에 오르지 못한다.

상함이 정상으로 취급되는 시스템

정신 쇠약증을 앓는 아내 마스터의 경우 남편이 아내보다 건강하기 때문에 머슴을 자처하게 된 것이다. 남편은 사업 실패라는 자신의 잘못에 무게를 두고, 생활의 불편을 초래한 대가로 자발적으로 머슴의 역할로 들어선 것이다. 사랑하는 아내와 가족을 섬기기로 작정하여 섬김의 자리로 내려온 것이다.

그러므로 이 시스템에서 '연약한 마스터'의 자리는 영원하지 않다. 정신적으로 쇠약한 아내가 남편의 수고와 고생을 알고 빨리 회복되어야만 한다는 전제 조건이 작동하고 있음을 명심해야 한다.

남편이 머슴의 역할을 감당하는 것은 정상적인 생활로 돌아가기 위해서다. 만약 아내가 그 조건을 빨리 알아차리지 못하면, 남편도 언제까지 이렇게 살아야 하는지 다른 계산을 하게 될지 모른다.

상함이 정상적으로 취급되는 가정 시스템에서 생존하려면, 가족 모두가 상한 사람이어야만 한다. 건강한 사람은 자신의 상함을 오랫동안 방치하지 않는다. 정신적으로 쇠약한 아내 마스터를 이기려면, 가족 모두 정신적으로 더 쇠약해져야 하는데, 그렇게 되어서는 안 된다는 것이 건강한 사람들의 가치이기 때문에 쉽게 선을 넘지 않는다.

그러나 세월이 이 모든 상황에 대한 값을 계산해준다. 마스터 때문에 어려움을 겪는 가족에게 필요한 갑옷을 입히고 적절하게 무장시켜, 마스터가 자기 마음대로 다스리지 못하도록 하는 반대 세력이 자라게 되는 것이다. 정신적으로 쇠약한 엄마라는 명분도 그리 합당하지 않음이 명확히 드러나도록 말이다. 결국 때가 되면 가족들은 마스터와 싸울 만반의 준비를 갖춘다. 기억하라. 병든 사람은 병든 시스템을 만들고, 병든 시스템은 병든 사람을 생산한다. 그 시스템이 곧 가족의 생활이기 때문이다.

상하면 건강함을 경험하지 못한다

마스터는 자신을 중심으로 가정 시스템을 작동시킨다. 자기 위주로, 오직 자기의 편의를 위해 시스템을 구성해나가는 것이다. 해야 할 일과 하지 말아야 할 일이 모두 자기중심적으로 정렬된다. 가족들은 이에 대해 합당한 설명을 들은 적이 없다. 이유도 모르면서 마스터가 정한 정렬의 법을 따르게 된다. 그러다가 불평과 불만이 쌓이고 어느새 군대를 정렬시키는 사고가 발생한다. 결국 마스터는 비판을 당하고, 쿠데타는 성공하게 된다.

이 씨의 남편은 경찰이다. 집은 지방이고 근무지인 경찰서는 서울이어서 결혼 후 일이 많고 바쁘다는 핑계로 남편이 집에 거의 들어오지 않았다. 수상한 소문까지 들리고 아들이 없기 때문이라는 훈수에 아들까지 낳았지만 다 소용없는 일이었다.

마음이 깊이 상한 이 씨는 남편 없이 사는 방법을 터득하게 되었고, 아이들 역시 엄마를 중심으로 생활하는 방식을 훈련하게 되었다. 가족 중 누구도 아빠를 언급하지 않았으며, 엄마의 마음을 힘들게 하는 어떤 말도 하지 않았다. 이 씨는 결국 홀로서기에 성공했다. 그녀는 작은 가발 가게를 운영하다가 가발 공장까지 인수하여 성공한 사업가로 살아가게 된다.

아이들은 잘 성장하여 별 탈 없이 각자의 가정을 꾸려나가고 있다. 두 딸의 남편들 역시 매일 성실하게 일하고 정시에 귀가하는 안정적인 사람들이다. 하지만 아버지 없이 사는 것을 배우고 자란 딸들에게 남편은 그 존재 자체로 불편하다. 눈앞에 있는 남편에게 날마다 잔소리와 지적질을 반복한다. 괜히 화를 내고 아무 이유 없이 불신 시스템을 가동한다. 그들의 내면에 '남자는 믿을 수 없어!'라는 공식이 강력하게 작동하고 있는 것이다.

막내인 아들은 집안의 유일한 남성으로 집안 여성들이 가진 남자에 대한 불신을 온몸으로 감수하며 성장했다. 그래서인지 그는 '강한 아내'를 싫어하게 된다. 의지하고 싶은 강한 아내가 필요한데도 그 욕구를 부인함으로써 사랑과 미움, 월등함과 열등함이 공존하는 양가감정(兩價感情) 시스템을 스스로 만든다. 결국 그는 마음이 병들어가는 아내를 생산하는 마스터로 살아가게 되며, "사랑한다"는 말 한마디 하지 못하는 불구가 되는 것이다.

가족 구성원 모두 서로 사랑하고 섬기며 잘 살기를 원하지만, 상한 감정이 가정 시스템을 작동하는 순간, 상한 감정이 주도권을 잡고 주인 노릇을 한다. 마스터(독재자)는 의도적이지 않더라도 자기를 증명하고, 자기를 강화하며, 자기 보호와 자기 유익을 위해 시스템을 작동한다. 마스터의 안전과 편안을 보장하기 위해 자기 세우기 4대 프로젝트가 왕성하게 작동하는 것이다.

이 씨의 딸들은 좋은 남편을 만났음에도 불구하고, 경험한 것이 자신의 가정 시스템뿐이었기 때문에 출신 가정 시스템을 그대로 복사한다. 그들은 "내 팔자에 좋은 남편은 없다"고 하소연하던 어머니의 언어를 따라 하며, 자신의 내적 공허함을 '나쁜 아버지'라는 개념으로 채우고 산다.

그녀들은 자녀들 앞에서 남편을 표적 삼아 자신의 상처를 쏟아낸다. "아빠는 사람이 야무지지 못해. 사기당하고 바보짓을 한다"며 쉬지 않고 선전한다. 자녀들이 아빠를 반대하도록 제발 아빠처럼 되지 말라고 애절하게 부탁한다. 이것은 어머니가 그랬듯이 이 세상에서 자신이 가장 불행한 여자임을 증명하기 위해서다. 이런 문제가 그녀들의 남편이 참으로 좋은 사람인데도 발생한다는 것이다.

상한 것이 기준이다보니 건강함을 경험하기 어렵다. 남편과 자녀들이 이 여자 마스터들의 말에 100퍼센트 순종하지 않으면 그들의 상한 감정은 더 고약해진다. 소리치고, 욕하고, 물건을 집어 던진다. 더 과감하고 용감해진다. 이런 행위는 자신의 불행을 증명하고 강화하기 위해서다. 결국 무엇에 쥐해야만 살아낼 수 있는 상태, 중독이 약이 되는 시스템이다.

상한 자의 생존 시스템

가족들은 그 상함의 피해자로 생존하는 방법을 학습한다. 눈치, 불안, 초조, 긴장 속에 입을 다물고 피한다. 되도록 집에 들어오지 않는 은폐 시스템을 작동시킨다. 그럴수록 마스터는 더욱 강한 메시지로 가족들을 옭아맨다. 병이나 중독을 호소한다. "너희들이 어떻게 나한테 이럴 수 있어?"라며 격렬한 감정을 폭발시킨다.

세월과 함께 상한 시스템 속에서 생존하는 방법들 역시 발달한다. 심지어 엄마보다 더 상한 자녀들이 생산되기도 한다. 상함(병)을 이기려면 더 상해야(병들어야) 하기 때문에, 이러한 악한 시스템에서는 건강해지고자 하는 모든 노력은 쓸데없는 에너지 소모가 될 뿐이다.

대부분의 마스터에게는 상함 자체가 힘이 된다. 그것으로 능력과 권력을 행사하기 때문에 날이 갈수록 더욱 상해야만 한다. 이것이 바로 마스터의 어두운 측면이다. 그 자리, 그 힘, 그 권력의 '맛'을 놓을 수가 없어서 자신이 적격하지 않다는 것을 알면서도 마스터 자리에서 내려오지 못한다. 마스터에게는 자기를 옹호하는 체제 유지가 가장 중요한 이슈이기 때문에, 어떻게든 무조건적인 복종 시스템을 작동시켜야만 하는 것이다.

상한 시스템의 파괴력

건강한 삶을 영위하기 위해서는 가정 시스템에 대한 이해가 절대적이다. 이를 이해하지 못하면, 가족은 대대로 상처 입고 병들어 살아가게 된다. 우리 대한민국이 점점 더 어려워지는 근본적인 원인은 국민들이 가정 시스템을 이해하지 못하여, 허무하게 망가져 내리는 국가 시스템의 원인을 깨닫지 못하는 데 있다. 가정 시스템이 무너지는 것과 동일한 방식으로 국가 시스템이 무너지고 있는데도 국민들은 속수무책인 실정이다.

현재 대한민국은 가정, 학교, 국가를 막론하고 온통 상한 감정 시스템으로 작동한다. 우리는 분단 80년 동안 갈라진 땅덩어리와 이념의 분단보다 더 심각하게 생각해야 할 마음의 분단을 앓고 있다. 전쟁으로 서로 죽고 죽이는 경험은 같은 민족이지만 남보다 못한 이웃이 되게 만들었다. 그로 인해 상한 감정이 주도하는 정치적 이념 전쟁으로 동족을 적으로 삼아 공격하고 있다. 이보다 더 슬픈 현실은 없다. 끊임없는 내분(內紛)으로 드러난 적대감보다 더 강한 분열이 일어나고 있는 것이다.

더 큰 시스템 자체가 분열로 움직이는데, 가정 안에서는 오죽하겠는가. 분열이라는 크고 어두운 손이 상하고 나뉜 우리 민족의 마음과 가정을 장악하여 놓아주지 않는다. 이 작은 나라가 이혼율 세계 1위를 다투고 있다. 수많은 나라의 젊은이들이 자유민주주의 대한민국을 위해 피 흘려 싸웠는데도 "나는 사회주의자다", "나는 공산주의자다"라는 말을 서슴지 않는다. 국민들은 그 분열의 영향을 고스란히 받으며 국민의 생활은 이 엇박자 시스템의 유지를 위한 희생 제물이 되기도 한다.

인지부조화는 상한 감정으로 작동하는 시스템의 당연한 현상이다. 그런데 이 시스템에서는 진정한 유익보다 내 편이 이기는 것이 무엇보다 중요해진다. 따라서 편짜서 편먹고, 편애하기를 서슴지 않고 심지어 불법도 감행한다. 자기편이 이기기 위한 경쟁에 모든 에너지를 쏟아부으니, 나라와 공동의 유익을 위한 에너지가 고갈될 지경이다. 지금 우리나라 대한민국의 정치판이 딱 그 모양이다. 가정도 부부가 싸우고 가족끼리 다투는 일을 생존 전쟁으로 삼는다.

나라의 발전보다 자기편이 이기는 것이 중요하다고 믿는 시스템에서는 상한 감정자 중에서도 가장 상하고 악한 자가 마스터가 되어야 한다. 아무리 잘하려고 해도, 각자의 유익에 따라 계산기가 두드려지기 때문에 한마음 한뜻으로 공동의 목표를 이루는 것이 불가능해지고, 오히려 누구보다도 상하고 악하고 술수가 좋고 기만력이 높아야만 리더십을 발휘할 수 있다. 가정에서도 이런 원리가 작동하니 그 열매를 먹은 자녀들이 건강할 리 없다.

이런 시스템이 작동하는 나라에서 누가 결혼하여 자식을 낳고 살고 싶겠는가. 건강한 나라는 자유민주주의 정치 체계, 자본주의 시장경제 시스템, 공동체의 관계 인권과 개인의 인권 보장, 언론의 자유, 신앙의 자유, 그리고 두려움과 공포로부터의 자유가 보장되는 나라이다. 이런 원칙들이야말로 대한민국의 생명이자 기본이며, 가족을 지키는 기본이기도 하다.

우리는 반드시 건강한 자유민주주의를 수호해야 한다. 그러기 위해서는 개인 한 사람 한 사람이 바른 신앙과 인격, 공동체적 마인드를 갖추어야 한다. 가족 사랑과 나라 사랑은 물론 겸손, 헌신, 수고, 나눔이 몸으로 체득된 구별된 국민, 선순환할 줄 아는 국민이 되어야만 한다. 하나님을 믿는 믿음이 이 나라 지도자들의 마음에서 왕성하게·일하고, 가족과 가정이 주(主)를 믿는 신뢰 시스템으로 작동하는 것이 유일한 조건이다. 대한민국은 누군가의 똑똑함과 열심, 성실로 이루어진 나라가 아니다. 주 예수 그리스도를 믿는 믿음과 기도로 세워진 나라이기 때문에 오직 하나님만이 우리를 강하게 하시고, 선한 일에 부한 나라로 세워주실 수 있다.

대한민국은 중국, 일본, 러시아라는 세 강국에 둘러싸인 분단국가이다. 지정학적으로는 북한이 중국, 러시아와 연대하고, 대한민국이 미국, 일본과 연대하는 양상이다. 그러나 영적인 관점에서 보면 중국, 러시아, 일본, 북한은 하나님이 아닌 것을 숭배하는 세력이며, 유일하게 대한민국만이 하나님을 경배하고 있다. 이는 4대 1의 싸움이다. 오직 위대하신 창조주 하나님과 연계하여야 승산이 있다는 뜻이다. 우리가 하나님 편에 서서 확실한 '믿음 시스템'으로 나아가야만 모든 한세와 역경을 초월하여 이겨낼 수 있다. 그래야 더욱 강건하고 용감하며 탁월한 나라로 세워질 수 있다.

가정이든 나라든, 구멍가게든 대기업이든, 모든 공동체는 시스템으로 작동한다. 시스템이 어떠하냐에 따라 그 구성원의 생활이 결정된다. 만약 사람을 돈 버는 기계로 간주한다면, 일터는 곧 그 가치관이 지배하는 현장이 된다. 남편이 가정을 회사로 생각하여 자신이 회사에서 힘들게 일한 만큼 가족들도 각자의 생산 분량을 채워야 한다고 믿는다면, 그렇지 못한 구성원은 가족 취급을 받지 못하는 시스템이 가동된다. 효율성만으로 오직 생산성이 좋은 사람만 가족으로 인정받는 것이다. 상한 감정이 시스템과 생활에 끼치는 파괴적인 영향력을 깨닫지 못한다면 열심히 살았지만 이유도 모르고 망하게 되는 것이다.

사례 연구 : 상한 만큼 시스템이다

남편 지 씨는 여러 번 외도하고도 오히려 아내에게 화를 낸다. 기분이 나쁘면 집을 나가버리는 행태를 보인다. 자녀 양육이나 가정 대소사를 등한시하는 것은 물론 가정생활에 필요한 돈도 마음대로 사용한다. 그런데도 자신이 원하는 대로 살지 못한다고 원망하는 태도를 보인다.

아내 천 씨는 남편 지 씨로부터 "밴댕이 소갈머리", "누더기 팬티" 등 비하적인 언어폭력에 지속적으로 시달린다. 하루에도 수십 번 이혼하고 싶은 마음이 들지만, 아이들이 어리고 경제력도 없어 어떤 결정도 단호하게 내릴 수 없는 상태다. 이로 인해 천 씨는 스스로 비참히 여기며 극단적인 생각까지 하게 된다. 왜 이런 일이 자신에게 일어나는지 절망감에 빠져 있다.

이 이야기가 마음에 와닿는가? 이미 어떤 결론을 내린 상태인가? 왜 그렇게 해야 한다고 생각하는가? 혹시 이 이야기를 읽은 우리 자신의 상한 감정이 그런 결론을 내리도록 도왔는가? 상처만큼 시스템이라는 말을 기억하면서 지 씨와 천 씨의 가정 시스템을 그들의 상처를 기준으로 한번 설명해보라.

사랑했던 남편의 외도라는 현실 앞에서 아내 된 자의 비참함은 극대화된다. 그들 사이에 이미 감정적 유대는 상실되었고, 윤리와 도덕적 언어도 통하지 않는다. 오히려 남편은 자기를 자유롭게 내

버려두라며 아내를 비난하고 답답해하니 이런 적반하장식 태도에 아내의 상함은 이루 말할 수 없다. 급기야 죽음을 생각할 만큼 아내의 절망감은 위험한 수준이다.

그러나 이런 상황일수록 피해자는 마음을 추스르고 정신을 바짝 차려야 한다. 말썽 피우는 남편으로부터 시선을 돌려, 먼 미래를 바라보는 긍정적인 상상이 지금의 절망을 이겨낼 힘이 된다. 이제 다시 현실로 돌아와 잘못을 저지른 사람이 남편임을 확실하게 정의해야 한다. 이 상황에서 피해자 자신이 이혼녀가 되거나 자살자가 되어 해결되지 않은 상처를 되물림해서는 안 된다. 그것이 지녀들에게 더 아프고 나쁜 환경을 맞이하게 만든다는 깃을 기억해야 한다.

성급한 결정을 내리지 말고 가정 시스템의 전체 그림을 천천히 관찰해보라. 그리고 왜 이렇게 비정상적인 집행이 일어나는지 곰곰이 분석해보라.

(1) 바람쟁이의 가정 시스템

지금 이 가정 시스템의 마스터는 의심할 바 없이 남편이다. 남편은 자신이 하고 싶은 것은 다 할 수 있다고 생각하는 '병적 자기애'로 작동하는 에고 중독자이다. 이런 마스터에게 아내와 자녀는 당연히 중요하지 않다. 자기 허(虛)가 너무 커서 자기 값(價)을 올리는 것이 가장 중요한 그는 가족과 타인을 희생제물로 사용한다. 그는 "가족은 나의 액세서리이며, 내가 필요할 때만 가치가 있다"는 태도로 일관하며 자기를 편하게 만드는 서비스만을 강요한다. 적반하장으로 자기를 화나게 했다고 집을 나가 연락도 끊고, 생활비를 마음대로 써버리는 용기를 왕성하게 발휘한다. 이 시스템을 정지시키려면 마스터의 특성을 정확히 이해해야 한다.

남편은 가족의 생활을 위협하면서도 자기 만족을 위해서라면 무엇이든지 할 수 있는 무도덕한 존재이다. 윤리, 도덕, 양심 같은 단어는 아예 장착되어 있지 않다. 그는 자신의 사연 자체가 양심이자 진리이다. 따라서 자기가 원하는 대로 언제든지 현실을 편집할 수 있으며, 필요하다면 거짓말이나 속임수도 마다하지 않는다. 이런 자기중심적 사고를 문제 삼으면 오히려 대화 자체가 불가능해진다.

그는 외도를 대수롭지 않게 여긴다. 오히려 아내에게 매력이 없기 때문에 그럴 수밖에 없었다고 책임을 전가한다. 그는 실수하거나 실패할 경우 더 뻔뻔하게 나와 마스터의 자리매김을 강화하려 한다. 이러한 마스터는 자신의 생존까지 위협할 수 있는 더 큰 마스터를 만나야만 한다. 그렇지 않으면 누구의 충고도 듣지 않는다. 그에게 무서운 사람도 없고, 어른도 없기 때문이다. 병적 자기애는 이미 그를 현실로부터 완벽하게 고립시켰다.

이 남편에게 아내란 능력 있는 가정부 또는 비서 정도의 역할이다. 혹 생활비와 양육비를 제대로 주지 못할 때 오히려 자기만 바라보지 말고 알아서 능력을 발휘하기를 기대한다. 그의 일탈은 남자로서 당연한 것이며 이를 가지고 죄 운운하면 밴댕이 소갈머리로 취급당한다. 본래 그는 집안일 같은 하찮은 일은 절대 하지 않는다.

이 사람의 정체성은 남편이나 아버지가 아니다. 그는 자신이 수준이 맞지 않는 사람과 결혼하여 이런 험한 꼴을 본다고 믿기 때문에, 오히려 미안해야 할 사람은 아내라고 믿는다. 자신이 왕이므로 자기 마음대로 해도 된다는 논리가 이미 선을 넘어 끊임없이 사고를 유발한다. 그는 가족의 존재 가치를 자신의 지위에서 파생된 것으로 규정한다. 이는 가족 구성원으로서의 정체성을 완전히 거부하는 행위이다.

(2) 열등한 마스터의 엉뚱한 집행

이제 이 가정 시스템의 마스터가 어떤 사람인지 파악했으니, 마스터가 바람피운 후 어떤 해결책으로 가정을 운영하고 있는지 분석해야 한다.

에고 중독에 빠져 있는 이 마스터는 자기의 힘과 권력을 자랑하는 열등한 마스터이다. 그는 자기 방법대로 자기를 높이려 해도 자신이 못난이에 불과하다는 것을 알고 있다. 그렇기 때문에 더욱 치열하게 월등하겠다고 악을 쓰며 열등한 방법을 사용한다.

시스템이 곧 그 사람의 생활이며, 그 생활이 곧 그 사람의 언어이다. 자신이 연약하고 미흡한데 멋있게 보이려니, 바람피우는 일에 전심전력을 다하는 것이다. 이는 다른 여자에게 잘 보이는 위장술로 자기의 못난 모습을 감추는 행위이다. 집안에서는 이미 자기의 실체를 잘 아니까 인정받지 못하는 그 허(虛)를 외도라는 행위로 자기 힘을 과시하는 것이다.

가족을 신하나 하인처럼 부리는 것은 열등한 마스터의 특징이다. 집에서 왕 대접을 받지 못한다는 것 자체로 이미 가족관계를 청산한 상태이다. 건강한 마스터는 필요에 따라 자기를 낮출 수 있는 힘이 있지만 열등한 마스터는 자기를 낮출 수 없고 겸손할 수도 없다. 이 열등한 마스터는 자신의 잘못을 변질된 에고 중독과 외도의 힘으로 아내를 누르려 한다. 다른 방법으로는 아내의 값을 낮출 줄 모르기 때문이다. 아내가 남편의 잘못을 모른 척 넘어가는 것이 아니라 오히려 들통을 내니 마음이 상한다고 주장한다. 남편은 아내가 자신의 외도를 문제 삼아 자기 값을 낮추려 시도하는 것을 자신의 집행 이유로 삼는다는 사실에 집중해야 한다.

열등한 마스터는 같은 위치에 있는 사람이 자기보다 월등한 것을 인정할 수 없다. 열등하지만 월등한 자리에 앉아 갑질의 짜릿한 맛을 느끼기 원한다. 그는 마스터의 자리뿐만 아니라 온갖 좋은 자리를 다 차지하기 원하는 갑의 우월성에 집착하는 사람이다. 그는 날로 이기적이고, 더욱 교만해지고, 거만하고, 편파적인 사람으로 변하고 있다. 그러나 스스로 이것을 인지하지 못한다.

열등한 마스터가 병적 자기애 증상으로 가정 시스템을 작동시키면, 가족들은 그 집행으로 지옥살이를 경험하게 된다.

(3) 다섯 가지 집행법

이런 상황에서 아내가 취할 수 있는 집행 방법은 다음과 같다.

첫째, 포기이다. 아내가 절망 가운데 무력감을 이기지 못하고 자신을 죽음으로 몰아가는 방법이다. 그러나 자살은 해결 방법이 아니라 문제를 최대화하는 방법이다. 자살은 해결되지 않는 사연이 되어 집안 내력으로 대물림되기도 한다. 따라서 이는 영원토록 해결되지 않는 악으로 산주뇌므로 반드시 피해야 하는 집행이다.

둘째, 복사(카피)이다. 남편이 외도하며 자기가 하고 싶은 대로 하듯이, 아내도 자기가 원하는 대로 행동하는 방법이다. 자녀 양육과 모든 문제를 남편에게 떠안기고, 잃어버린 세월을 되찾겠다는 신념으로 자기가 하고 싶은 것을 하는 것이다. 이는 아내 당사자는 자기 인생의 주인이 되는 것이지만, 이 집행은 남편 마스터보다 더 열등한 집행일 수 있다. 남편은 가정을 해치거나 해체하려는 동기나 목적은 없었기 때문이다.

셋째, 홀로서기이다. 남편 없이 살 수 있다는 마음으로, 남편의 도움 없이 전적으로 자신이 자녀를 양육하고 가정 살림을 꾸려나가는 방법이다. 친정, 시댁, 친구, 국가 등 받을 수 있는 모든 도움을 받고, 틈틈이 일도 하며 실질적인 능력자로 자리매김해 나가는 것이다. 양육비 외에 다른 도움이 없어도 문제없다는 마음을 가져야 한다. 이는 지혜롭고 단호하게 건강한 마스터의 자리를 정복하는 집행이다.

넷째, 빅마마이다. 아내가 빅마마 마스터가 되어 남편을 말썽 피우는 큰아들로 입양하는 방법이다. 나타나고 타이르고 쫓아가고 참견하면서 강한 엄마의 그늘을 펼치는 것이다. 이 집행으로 남편이 자기의 우월감을 어떻게 처리할지는 반드시 살펴보아야 하는 변수이다.

다섯째, 신앙이다. 불가능하지 않지만 가장 어려운 집행일 수 있다. 아이들 앞에서 아버지의 권위와 자리를 보존해주고, 남편으로서 역할을 하지 않더라도 깍듯이 대우하는 것이다. 변함없는 사랑으로 허물과 죄를 덮어주는 것이 핵심이다. 아내는 오직 하나님만을 바라보며 살아야 한다. 이는 불공평하고 치우친 집행이지만, 영적 만족감이 자기 값(價)을 충족할 것이고, 영적 리더십이 아내를 은밀한 마스터로 등극시킬 것이다. 아내는 주의 말씀에 따라 순종하고 더욱 사랑하며, 능력과 권위로 남편을 섬길 수 있게 된다. 남편의 언행 변화에 상관없이 현재의 생활을 주 예수의 신부가 통과해야 할 시험 과정으로 삼고 극복하는 것이다. 이 집행은 자기 사연과 상한 감정을 버려야만 가능하다. 결국 하나님께서 남편을 제자리로 돌아오게 해주실 것이며, 아내는 영광의 면류관을 받게 될 그 날을 바라보는 것이다.

Q & A Session

1 가족과 가정을 정의하고 다른 점을 설명해보세요.

2 서로 다른 두 사람이 결혼하면, 두 가정 시스템이 어떻게 작동할 것이라고 생각하나요?

3 누가 어떻게 마스터로 등극하나요?

4 어떤 마스터라도 가정 시스템을 작동시키면 문제가 일어납니다. 왜 그럴까요?

5 건강한 미스터가 건강한 가정 시스템을 구축합니다. 건강한 마스터가 되기 위해 가장 먼저 생각해야 할 교훈은 무엇인가요?

6 건강한 마스터와 병적 마스터의 중요한 차이점은 무엇인가요?

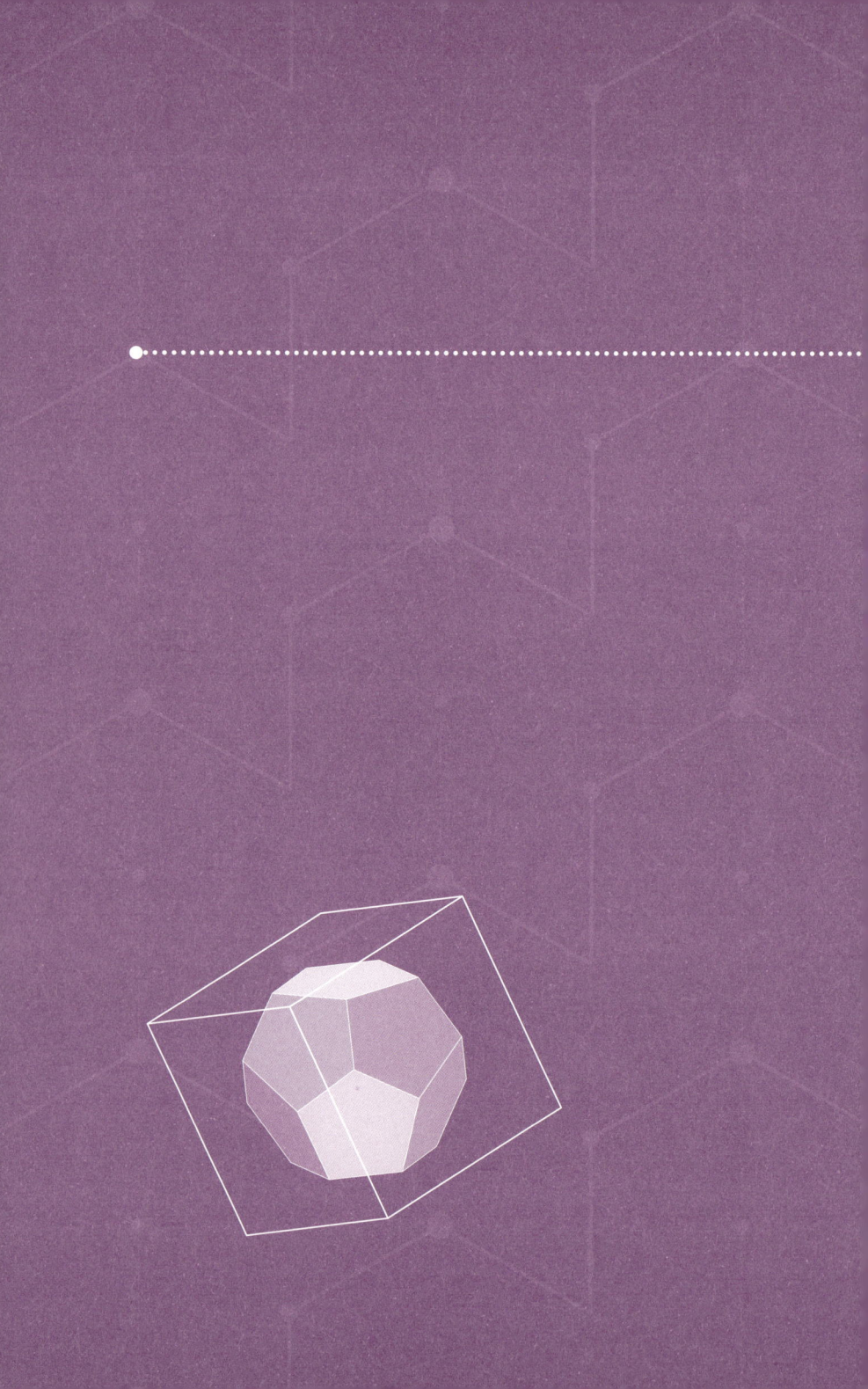

가치 시스템

03
마스터의 가치가 가정을 지배한다

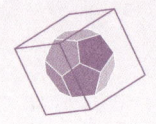

가정이 시스템으로 작동한다는 개념은 건강한 가족생활을 위해 가장 먼저 이해해야 할 기본 정보다. 이 정보가 부족하면 아무리 상담을 받고 약을 복용해도 문제는 풀리지 않는다. 가정은 가장 작은 단위의 나라이기 때문에 그 안에도 정치, 경제, 사회, 문화, 교육, 종교 등 모든 생활 분야들이 시스템적으로 얽히고설켜서 작동하고 있다. 그래서 "시스템이 곧 생활이다"라고 정의하는 것이다. 가정의 시스템적 개념을 이해해야 나머지를 이해하고, 변화와 발전도 꾀할 수 있다.

가정 시스템은 오장육부 시스템이다. 오장은 가치 시스템, 감정 시스템, 관계 시스템, 권력 시스템, 집행 시스템이고, 육부는 법, 하위조직, 기능과 역할, 관계 거리, 대화, 예식이다. 이 책에서는 가정 시스템의 오장육부 중 오장만 설명할 것이다.

건강한 가치 시스템

가치 시스템은 오장 중 가장 중요한 요소이다. 가정의 가치가 어떠하냐에 따라 그 가정이 어떠한지가 결정되며, 가족은 그 가치를 동력으로 생활하고 성장하기 때문이다. 가정의 건강은 마스터의 가치가 가족의 건강을 위해 무엇을 어떻게 요구하느냐에 달려 있다. 마스터가 건강하면 가치 시스템도 건강하지만, 마스터가 병들어 있으면 그 가정도 병들게 된다.

만약 마스터의 가치가 자신의 상처(트라우마)에 기반한다면, 가정 시스템 또한 상처를 기반으로 작동하게 된다. 가족 구성원 중 누군가가 건강한 집행을 요구할 경우, 그 요구는 마스터의 십견에 방해가 되므로 해당 구성원은 마스터의 눈 밖에 나게 되어 왕따 또는 처리의 대상이 된다.

가치는 스스로 건강의 정도를 정해놓은 정찰제 시스템과 같아 변화 가능성이 희박하다. 이러한 가치를 무너뜨리려면 많은 에너지와 시간이 필요하다. 해당 가치가 세워지기까지 사건, 상한 감정, 그리고 다양한 함수가 복합적으로 엮여 있었기 때문이다. 가치의 변화를 요구하는 것은 곧 시스템의 근본적인 변화를 의미하기 때문에 절대 쉽지 않다.

이제 우리는 가정 시스템의 첫 번째 관점인 가치 시스템에 관심을 집중해야 한다. 마스터의 가치 시스템을 파악하면 가정 시스템 전반에 대한 이해가 수월해지기 때문이다.

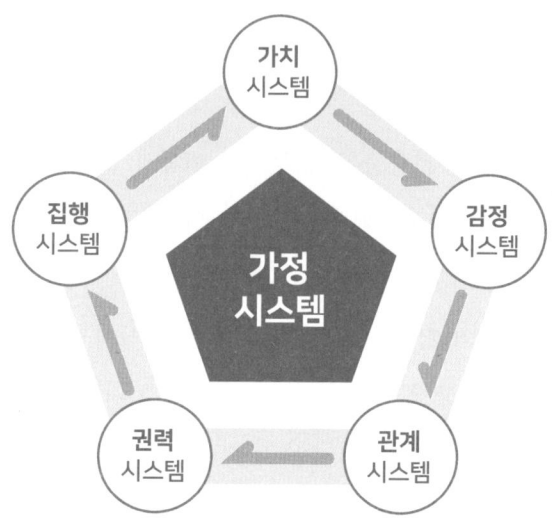

가정 시스템을 형성하는 다섯 가지 시스템

가정 시스템은 가치 시스템, 감정 시스템, 관계 시스템, 권력 시스템, 집행 시스템으로 이루어져 있고, 가치 시스템으로 시작하여 감정, 관계, 권력, 집행 시스템으로 이동한다. 그런데 그 과정에서 감정 시스템이 상하면 가치 시스템을 이기고, 나머지 시스템도 제자리를 벗어나게 된다.

마스터의 법

마스터의 가장 중요한 기능은 법을 선포하는 것이다. 마스터가 가정생활의 원리와 원칙을 규정한다. 마스터는 선포하는 법으로 가족을 조정하고, 조절하고, 다스린다.

마스터인 아버지가 "잘 먹고 잘 살자"라는 가치를 법으로 선포한다고 가정해보자. 이 마스터에게는 잘 먹는 것이 곧 잘 사는 것으로 정의된다. 다른 어떤 것도 이 가치를 만족시킬 수 없다. 따라서 마스터는 끼니마다 '잘 먹어야' 하고, 그래야만 그 날의 가치를 충족하여 '잘 산' 것으로 간주된다.

그러나 그의 아내는 잘 먹는 것을 중요하게 여기지 않는다. 매끼니는 배고픔만 해결되면 된다고 생각한다. 때로는 식사를 거르는 것이 다이어트와 면역성에 좋다는 이론을 가지고 있다. 따라서 남편의 "잘 먹고 잘 살자"는 가치관을 대수롭지 않게 생각해서 먹는 것에만 집착하는 남편을 못마땅히 여긴다. 아내는 남편을 '먹는 것에 집착하는 존재'라고 비난하고, 자녀들에게 "저런 모습은 절대 닮지 말고 공부 살해서 발전하는 사람이 되라"고 호소한다. 이로 인해 한 집안에 두 마스터가 서로 다른 법을 선포하면 시스템적 전쟁이 초래된다.

이처럼 마스터에게는 반드시 안티 세력, '은밀한 마스터'가 존재한다. 안티 세력은 마스터의 세력을 견제하고 돕는 순기능이 있으나, 마스터의 가치 시스템을 직접적으로 방해하고 약화시키는 요인으로 작용할 경우 마스터는 이 은밀한 마스터를 극도로 혐오하게 된다. 마스터는 자신이 열심히 일해서 돈을 벌어오는데, '은밀한 마스터'가 돈 한 푼 벌어오지 않으면서 돈 안 되는 '격'(格)만 따지는 것을 부당하게 인식한다.

마스터가 일방적으로 설정한 가치와 다른 가치를 부르짖는 행위는 필연적으로 갈등과 다툼을 유발한다. 그 결과 가족 시스템은 상처받고 분열되며, 결국 가정의 붕괴로 이어진다. '드러난 마스터'와 '은밀한 마스터' 모두 자기 감정에 몰입되어 있기 때문에 상황을 객관적으로 판단할 여유가 없다.

마스터가 탁월하더라도 항상 안티 세력이 나타나는 이유는 마스터가 부르짖는 가치관이 가족 모두의 동의를 얻어 가동된 것이 아니기 때문이다. 일방적인 힘으로 정한 가치는 항상 시스템적 문제를 야기한다.

마스터의 절댓값

마스터는 가정에서 가장 힘이 센 사람이다. 그 마스터로부터 핍박을 당하지 않기 위해서는, 때로 불공평한 공평과 불의한 정의를 수용해야만 한다. 모든 기준은 마스터의 가치에 준하기 때문에, 마스터에게는 그 모든 선포가 정의롭고 옳은 것이다. 마스터의 가치 시스템을 가동시키기 전에 적어도 배우자의 가치관이 어떠한지 확인해야 하지만, 이런 기본 예의를 지키는 경우는 매우 드물다.

강자가 예의를 지킬 줄 안다면 그 자체로 안티 세력은 약화된다. 그러나 그런 경우가 드물기 때문에 갈등을 피할 수 없고, 분열은 자명한 현실이 된다. 가장 좋은 방법은 시간을 내고 에너지를 사용해 자기의 가치관을 배우자와 어떻게 공유할지 고심하고 연구하여 공동의 가치관을 찾아 부부의 가치로 선포하는 것이다. 따라서 연애 기간과 신혼 기간은 서로의 가치를 공동의 가치가 되도록 고심하고 연구하는 기간으로 삼아야 한다. 서로의 가치관이 다른데 갈등이 싫다고 얼렁뚱땅 넘어갈 경우, 달라질 수 있는 미래는 오지 않는다. 이로 인해 결혼생활 40년 후에도 이혼하는 불상사가 발생한다. 이는 서로 최선을 다했음에도 시스템적 실패를 겪은 결과이다.

금전적 기여만으로 마스터가 된다는 공식은 안티 세력을 생산하는 근본 원인이다. 돈을 벌어오기 때문에 마스터의 지위를 차지하고, 자기 가치를 가족의 가치로 내세우며 복종을 강요하면, 그 자체가 반감(反感)을 형성하는 원인이 된다. 세월이 흐르면서 그 가치관을 살아내려는 사람들은 상처를 입고 마스터의 리더십에 점점 흥미를 잃는다. 반항감이 높아져서 마스터는 결국 강압적 폭력과 힘을 사용하게 된다. 마스터가 원하는 대로 시스템이 작동되지 않는 경우가 허다한데도, 마스터는 배우려고 하거나 변화하지 않는다. 이 고착화된 불변성이 시스템적 전쟁을 유발한다.

마스터의 값질 시스템

가치는 곧 값이며, 이는 영광이라는 단어로도 표현된다. "하나님께 영광!"이라는 표현은 하나님의 값을 그분께 돌려드린다는 의미이므로 영광이야말로 하나님께 가장 합당한 언어이다. 그러나 인간 마스터에게는 영광이라는 단어를 사용하는 것이 적합하지 않다. 그 마스터의 값 자체가 온전하지 못하기 때문이다. 즉, 영광, 가치, 값이 일치하지 않는다. 이 불일치 때문에 마스터는 자기의 불완전한 값을 강제로 내세우기 위해 값질 시스템을 작동시키며, 이로 인해 가정 시스템의 불행이 시작된다.

마스터가 법으로 선포하는 모든 것은 곧 마스터 자신의 영광이 곧 가치이며 값이라는 것을 선포하는 행위이다. 선포된 법은 곧 마스터의 존재 값과 버금간다. 따라서 마스터의 법을 건드리는 것은 곧 마스터의 존재 자체를 건드리는 행위가 된다. 그러니 어떠한 도전도 별일 아닌 것처럼 넘어갈 수가 없다.

마스터의 일방적인 가치

전 씨는 자기 희생을 통해 가족이 행복할 수 있다면 몸이 부서져라 일하는 사람이며, 또 실제로 그렇게 살아왔다. 자녀교육을 위해 아내와 자녀들을 미국으로 보낸 기러기 아빠다.

그는 외로움과 그리움을 겪으면서도, 자신의 희생과 수고를 통해 모든 것이 더 좋아질 것이라는 자기 위안적 희망으로 버텼다. 전 씨는 자신의 희생을 스스로 기뻐하며 그 과정을 감수했다. 특히 아빠의 부재 때문에 자녀들이 잘못될까 염려하여, 재정적으로 어렵지만 1년에 네 차례씩 미국을 단기간 방문하는 열심을 보였다. 비용은 문제가 아니었다. 그에게는 자신이 얼마나 가족을 사랑하는 남편이자 아빠인지를 증명하는 것이 더 중요했다.

미국 유학을 결정할 때 아내는 한국에 남기 원했지만, 전 씨는 영어 교육의 유익을 강조하며 아내를 설득했다. 그의 근본적인 욕구는 자신이 얼마나 가족을 위해 희생하고 수고하는 가장인지 가족들이 알아주기를 바라는 것이었다.

문제는 이 모든 결정과 희생과 수고가 다 마스터의 일방적인 가치였다는 점이다. "영어를 잘 못해도 아빠를 매일 보는 것이 좋다"고 말한 딸, "아빠 없는 미국은 무섭다"고 한 아들, 그리고 "가족은 다 같이 있어야 한다"고 주장한 아내의 생각은 이미 좋은 아빠, 최고의 아빠가 되기로 결정한 전 씨에게 아무런 가치가 없었던 것이다. 전 씨는 자신의 가치 시스템에 맞지 않는 가족의 의견을 무시하고 배제했다.

아빠 없이 살아온 십여 년의 세월이 흘러, 아이들은 이제 20대 초반의 청년이 되어 경제적인 독립이 가능해졌다. 이로써 그동안 아빠의 핵심 가치였던 '돈'의 역할은 상실되었다. 그러나 아빠는 여전히 자기 가치를 '기러기 아빠'로 설정하고 있어서 가족으로부터 가치(값)를 돌려받지 못하는 상황에 좌절한다. 이로 인해 소리 지르고, 화를 내며, 전화를 끊어버리고, 심지어 방문을 걸어 잠근다.

가족들 역시 가장의 일방적인 결정으로 인해 입은 피해가 적지 않기 때문에, 그들 또한 자신의 가치를 돌려받지 못한다. 결과적으로 온 가족이 자기 값(가치)을 돌려받지 못하는 구덩이에 빠져 허우적거리게 되었으며, 이 허우적거림은 세월과 함께 깊이를 더했다. 마스터의 일방적인 가치로 작동시킨 가정 시스템의 작은 균열들이 세월과 함께 회오리바람이 되어 집을 송두리째 빼앗는 시스템적 파국을 초래했다.

박 씨는 전통적인 가치관에 따라 자신이 '무게 있는 사람'으로 여겨지는 것을 매우 중요하게 생각한다. 그의 생활 철학은 곧 '폼생폼사'(폼에 살고 폼에 죽는다)이다. 타인을 의식하는 스타일 때문에 작은 일에도 극심한 스트레스를 받아, 이미 지친 상태로 퇴근하면 손가락 하나 움직일 힘이 없을 정도로 무력해진다.

박 씨는 무조건적인 휴식을 요구하며, 자신이 예민한 편이니 신경을 건드려서는 안 되는 사람이라고 상시 주장한다. 그는 집안의 대소사를 알고 싶어 하지 않는다. 그런 일까지 신경 쓸 여유가 없다고 선을 긋는다. 아내가 자녀 문제나 가정사를 공유하려고 하면 그는 "나한테 말하지 마, 그런 건 당신이 알아서 해. 내가 회사 일로 당신에게 의논하지 않잖아. 그러니까 가정일은 당신이 알아서 처리해"라고 단칼에 대화를 차단한다. 이는 가정사 전체를 전적으로 아내의 책임으로 돌리는 이분법적 태도이다.

박 씨는 집안 대소사와 자녀 문제를 자신이 나서서 해결할 만큼 중요한 일이 아닌, 아녀자가 해결해야 할 사소한 일로 치부한다. 아내가 "모든 일은 가정을 위한 것"이라며 반박해도, 남편은 "그래서 당신이 있는 것"이라며 책임을 회피하고 "나는 새벽부터 나가 열심히 일해서 돈 벌어 오잖아"라는 논리로 모든 대화를 종결시킨다.

그는 스트레스가 많아 항상 예민해서 대화가 더 이상 전진하지 못하고 멈춰버리는 대화 불능 상태가 발생한다. 매번 어처구니없는 상황인데도, 이제는 서로 말하지 않고 살아가는 것이 더 편한 생활 방식이 되었다. 이것은 시스템적 갈등을 회피하기 위한 병리적 적응이다. 부부인데도 개인적인 대화는 전무하며, 모든 것이 남편 중심적이다. 남편은 자기에게 유익한 일이 아니면 뭐든 쓸데없는 일로 취급한다. 아내는 남편이 결혼을 통해 배우자가 아닌 가정부, 섹스 파트너, 개인 비서 등 여러 서비스직을 무급으로 고용한 것이 아닌지 마음이 상한다.

그러고보니 박 씨는 사신이 결혼하던 남편이 되는 줄 놀랐다. 결혼을 경제적 이득 시스템이라고 생각하지 아내를 위해 무엇을 해줄 마음이 조금도 없다. 주인이 시녀를 위해 해줄 것은 매달 꼬박꼬박 돈과 숙식을 제공해주는 것이다. 그는 자신의 재정적 가치만이 모든 것을 해결한다고 확신한다.

마스터의 자기중심적 가족 구성

마스터가 가족 구성의 기본 원칙을 적용하지 않고 자기중심적으로 가족을 구성하면, 그 행위 자체가 실수이며 가정 시스템은 졸작이 되고 실패작으로 남는다. 시스템의 근본 원칙을 무시한 구성은 필연적으로 시스템의 붕괴를 초래한다. 자기중심적으로 가족을 구성했기 때문에 마스터는 자신을 불편하게 만드는 가정 시스템을 용납하지 못한다. 가족은 마스터를 위해 움직이는 도구일 뿐이며, 자신이 불편해지면 그 도구도 소용이 없어진다.

마스터는 오직 자기만 힘들고, 수고한다고 느끼며 불평을 쏟아낸다. 그는 집은 자신이 쉬는 곳이며 아내나 자녀들은 자신의 쉼을 방해해서는 안 된다는 절대 공식을 신봉한다. 독재가 쉽게 이루어지지 않을 경우, 마스터는 폭행을 통해 압력을 가하는 방식으로 강제로 시스템을 통제하려 한다.

만약 아내가 이혼을 선택하지 않을 거라면, 속상하고 억울해도 세월의 흐름을 기다려야 한다. 묵묵히 버텨낸 생존의 시간은 가족 구성원들에게 예상치 못한 힘을 구축하게 한다. 예민한 마스터를 건드리는 것이 손해임을 아는 아내나 자녀들에게는 마스터를 견뎌낸 공로가 곧 실질적인 힘으로 돌아오는 것이다. 세월이 흐르고 그 힘이 구축될 때까지 말하지 않고 피하고 버티는 전략을 유지해야 한다. "이 또한 지나가리라"라는 신념 아래 마스터보다 강해질 때까지 생존하는 것을 목표로 한다. 그러면 축적된 힘을 바탕으로 이후 시스템의 '머리를 바꾸는' 구데타를 실행할 수 있다.

남편은 가족을 위해서 일했다고 주장하지만, 실상은 자기를 위해 자기 일에 투자했을 뿐이다. 가족은 마스터가 가족을 위해 일한 것이 아니라는 사실을 명확히 안다. 결혼과 자녀 출산 또한 자기 이익을 위한 투자였을 뿐이다. 박 씨는 남편도 아버지도 아닌 온통 자기밖에 없는, '자기살이'뿐인 남자였다.

홀로 마스터

세월은 마스터가 가족을 위해 일하지 않았다는 사실을 증명해 준다. 가족들은 마스터를 없는 듯, 그림자처럼, 중요하지 않은, 그냥 그 자리에 있는 사람으로 대한다. 나이가 들면서 가정 안에 자신의 자리가 없음을 처절히 느끼도록 가족 구성원들은 그때를 기다릴 수밖에 없다. 이 현실은 마스터를 '홀로 마스터'가 되게 하며, 이혼하지 않았는데도 미치도록 외롭고, 처절하게 괴롭고, 비참하게 절망하도록 자신이 스스로 설계한 결과이기도 하다.

마스터가 보좌에 앉아 왕관을 쓰고 있더라도 그는 가족 안에 남편이나 아버지로서의 사리가 마련되어 있지 않았다는 사실을 뒤늦게 깨달은 불행한 인생으로 남게 된다. 가족들 역시 마스터가 벌어다주는 돈이 필요해서 가만히 있었던 것이기 때문에 경제적으로 이득을 보는 시스템을 이용한 것에 불과하다.

가정 시스템은 보고 배우는 시스템임을 잊지 말아야 한다. 마스터의 값질이 갑질이 되어 가족을 힘들게 한 만큼, 반정(反正)의 힘 역시 마스터를 쓰러뜨릴 만큼의 힘으로 사용된다는 것을 기억해야 한다. 가정 시스템은 확실한 부메랑 시스템이다.

어느 날부턴가 가족들에게 자기 말이 먹히지 않는다는 사실을 피부로 느끼는 순간, 마스터는 절대적 자리에서 이미 강등된 것이다. 힘을 잃은 호랑이가 무력하게 앉아 있는 모습이 개탄스럽다. 그 하락을 뼈저리게 느끼는 순간, 가족은 이미 냉정한 타인(他人)

이 되어 있을 뿐이다. 복수전은 이미 오래전부터 은밀하게 진행되어 왔기 때문이다.

건강을 모르면 건강을 연습할 수 없다

가정은 시스템으로 작동한다. 이 사실 하나만 깨달아도 많은 문제를 이해하고 해결할 능력이 생긴다. 부부 관계, 부모 자식 관계, 형제 관계 역시 시스템적으로 이해해야 매듭을 풀 가능성이 높아진다. 시스템이 병들어 있으면, 아무리 상담을 받고 약을 복용해도 재발이 반복된다. 이는 상한 시스템에 정찰제 역할과 기능이 있어서 회복되더라도 다시 상한 상태를 감당하도록 요구하기 때문이다.

병자는 병을 통해 "이 시스템 속에서 살기 싫다"라는 무언의 메시지를 소통한다. 그러나 직접적으로 말할 수 없기 때문에 '병'을 통해 시스템의 상함을 드러내는 것이다. 따라서 상한 시스템에서는 더 큰 상함이나 질병으로 자신을 드러낼 수밖에 없다. 건강할 수 있는 비상구를 찾아도 이미 병자 역할에 익숙해져서 탈출하지 못한다. 습관화된 상함은 어중간한 건강을 너끈히 이긴다. 엄마가 병리적 상태라면 그 딸은 더욱 극단적인 상태가 되어야만 엄마를 이길 수 있다. 그것이 불행한 진리이다. 건강한 길보다 병든 길이 길들여진 길이기 때문에 더 쉬운 것이다.

이렇듯 건강을 모르는 가족들은 건강을 연습할 수 없다. 가정 시스템이 병들면 그 병을 일관성 있게, 반복적으로, 지속하는 것이다. 세월과 함께 악은 더 큰 명분을 얻어 노골적으로 자신을 과시한다. 가족 구성력의 원칙을 지키지 않으면, 실수, 실점, 실패는 자명한 결과이다.

원칙이 살아 있을 때의 실수는 원칙을 지키는 것으로 회복할 수 있지만, 원칙을 지키지 않는 시스템에서는 이미 원칙 자체가 반칙이기 때문에 악이 날로 활개를 친다. 히브리어 '다아트'는 '지식', '이해'라는 뜻인데 "완성된 끝을 볼 줄 아는 지식"을 말한다. '완성된 끝'을 사는 자를 지혜롭다고 하는 것이다. 참된 지혜는 시스템의 완성된 끝을 알고, 그 선을 실계하여 아름다운 신을 구축해나가는 것이다. 지혜는 오늘을 풀 수 있는 힘을 지녔기 때문이다.

04

가족 구성력을 제대로 발휘하라

가족은 특별한 인연, 사랑, 피로 엮어진 사람들이다. 이런 구성은 다른 어떤 관계에서도 찾아볼 수 없는 고유한 결합이다. 가족 구성원들은 서로를 희생하고 수고하며 신의를 지키겠다고 언약을 맺는다. 이 관계는 가장 중요하며 모든 관계보다 우선해야 하는 특별한 관계이다. 이 관계자들을 우리는 '가족'이라 부른다.

가정 시스템의 최우선 순위

가정 시스템에서 부부 관계는 최우선 순위를 갖는다. 이 관계는 상호 신뢰, 관심, 보호, 돌봄, 책임, 그리고 가장 선하고 좋은 것을 주고받는 관계이다. 부부 관계는 모든 관계의 기본이자 핵심이다. 관계를 배우려면 부부가 되어보아야 한다. 부부가 되어보지 않고 관계를 안다는 말은 어불성설이다.

그런데 이 핵심 관계에 문제가 발생하여 멀어지고 분열한다면, 나머지 가족 구성원들 역시 하나가 될 수 있는 방법을 잃어버리게 된다. 그 결과 가정 시스템은 크게 흔들리며, 가족 전체는 혼동과 혼란 가운데 빠지게 된다. 가정 시스템이 든든하고 건강하게 유지되기 위해서는 부부 관계가 든든하고 건강해야만 한다. 이는 건강한 가정 시스템을 위한 필수 조건이다.

부부 관계는 특별한 '인연과 사랑'으로 엮이고 묶인 관계이다. 그러다가 자식을 낳으면서 인연과 사랑 그리고 '피'로 엮여서 끊으려 해도 끊을 수 없는 관계가 된다. 사랑이 생명을 낳아 가족이 된 이 놀라운 관계를 힘들게 하고 분열하게 하는 그 어떤 것도 단호히 잘라내야 한다.

가정 시스템과 생명 사이클

부부는 부모와 자녀의 관계보다 부부 관계를 우선시해야 한다. 잘 자란 아들과 딸을 결혼을 통해 파송하여 또 다른 가정을 형성하게 하는 것, 그것이 원가정이 할 수 있는 가장 중요한 사명을 다하는 것이다. 자녀들의 결혼을 통해 그다음 세대로 생명을 이어가게 하는 생명 전수의 사명 완수. 가족은 본질적으로 이 생명 전수를 위해 존재하는 생명체이기 때문이다.

생명은 반드시 이어져야 하는 근본 원칙이다. 개개인의 생명은 퍼즐 조각과 같아 이 조각들이 모여 완전한 생명체를 이룬다. 죽어도 부활한다는 진리는 단순히 사후에만 경험되는 것이 아니다. 자신의 생명이 자녀를 통해 끊임없이 이어지는 현상 자체가 부활의 한 조각을 재현하는 것이다. 따라서 가정 시스템의 생명 부활력은 반드시 재현되어야 할 중요한 능력이다.

동성애자들이 결혼을 인정받고 자식을 입양하여 가정을 세우려는 것은 스스로 정상적인 사람과 가정으로 인정받기 위한 시도이다. 그러나 그들이 원한 정상적인 가정의 모습은 누군가의 불행을 기반으로 한다는 사실을 간과해서는 안 된다. 즉, 자식을 낳아 기를 수 없었던 상황, 혹은 자식을 버렸거나 부모가 죽었거나 이혼으로 인해 아무도 그 아이를 책임지지 않은 상황 등 누군가의 슬픔과 불행이 발판이 된다는 것이다. 우리는 이러한 형태를 정상적이라고 정의해서는 안 된다.

"그런 아이라도 입양해서 키우면 좋은 일이 아니냐"는 반론 역시 수용할 수 없다. 이는 단순히 한 가정의 문제가 아니라 국가적 이슈이며 영적 이슈이다. 이 논의에서는 자녀의 출산이 빠져 있다는 사실을 명심해야 한다. 최근 젊은 커플들 사이에서 반려동물을 아기처럼 안거나 유모차에 태우고 옷을 입히는 등 극진하게 돌보는 현상이 두드러진다. 그런데 아기를 낳고 기르는 것이 힘들다고 출산과 육아를 꺼리면서 정작 개의 산책, 먹이고 배설물을 처리하는 등의 상당한 노력은 적극적으로 감당한다. 저출산과 고령화로 50년 안에 국가의 존속을 장담할 수 없는 상황인데도 말이다.

> 결혼 ⇨ 생명 생산 ⇨ 성장 ⇨ 성숙 ⇨ 파송

이것이 한 가족의 필수적인 생명 사이클이다. 이 사이클이 이루어지지 않으면 가정 시스템은 물론, 국가의 존립 여부 역시 보장할 수 없다. 가족 생산은 개인의 문제가 아니며, 한 나라의 흥망성쇠를 결정하는 가장 중요한 사안이다. 어느 나라라도 국민이라면 결혼하고 출생해야 하는 기본 사명을 반드시 감당해야 한다. 국민이 결혼하지 않고 자녀를 낳지 않으면 그 나라의 미래는 없으며 선순환적인 유통과 형통함을 얻지 못한다. 국민이 없으면 나라모든 면에서 약해진다. 그린 면에서 우리나라는 이미 그다지 흥미롭지 않은 나라가 되었다. 대한민국 국민이라면 이 사실에 관심을 집중해야만 한다.

존재 값과 관계 값

가족 구성원으로서의 만남은 그 하나하나가 참으로 독특하다. 왜 그렇게 만났는지 특별한 이유를 제시하는 사람도 있겠지만, 대다수는 우연히 만나졌다고 답변한다. 그러나 이 우연적 만남이종국에는 필연이 되는 경우가 바로 가족 관계의 본질이다.

어떤 목적을 달성하기 위해 의도적으로 만난 부부라면 그들의역할과 기능은 자연적이지 않을 수 있다. 여기서 기본적인 부부의역할과 기능이란 남편이 머리, 하늘, 상전이고 아내가 발, 땅, 하녀가 되는 식의 고정된 위계 관계를 의미하지 않는다. 어떻게 만났든 일단 부부가 되었다면 건강하게 살아가기 위해 선기능적이고 선순환적인 가정 시스템이 필수적으로 요구된다. 이는 시스템의 필요에 따라 어떤 역할과 기능도 마다하지 않는 유연성을 의미한다.

누가 나가서 돈을 벌든, 누가 가사를 돌보며 자녀를 키우든 본질적으로 중요하지 않다. 가족의 건강과 행복은 구성원 개개인의 존재 값과 가족이라는 관계의 값이 건강하게 영위될 때 확보된다. 남자는 이래야 하고 여자는 저래야 한다는 언행의 구별은 따로 없다. 가족의 건강과 형통을 위해 서로에게 선한 것이 우선되어야 하고, 마스터는 바로 그 선한 것을 선택할 줄 아는 능력을 발휘하는 자이다.

아내가 늦게 귀가하는 경우 남편이 저녁 식사를 준비하는 것은 선기능적이고 선순환적인 태도이다. 그러나 운동선수 남편의 경우, 자신의 훈련만이 유일한 임무라 간주하여 가족과 가정의 정서적 상태(아내의 상한 마음, 아이들의 속앓이)에 전혀 관심을 두지 않는 경우가 발생한다. 운동선수인 남편은 모든 가족이 자신이 운동을 잘하도록 물심양면의 지원을 제공해야 한다는 단일 생활 공식만을 고수한다. 그러다가 가정에 틈이 생기고 끝내 시스템이 허물어질 때까지 붕괴 징후를 알아채지 못한다. 자기만을 위한 가정, 자기만 편해야 하는 가정은 존재할 수 없다.

정 씨는 일찍 은퇴했지만 한때 잘나갔던 축구 선수였다. 그는 은퇴 이후 많은 기회가 있을 것으로 예상했지만 딱히 운동만 한 그를 불러주는 곳이 없어 3년째 새로운 일자리를 얻지 못한 상태이다. 그렇지만 그는 매일 아침저녁으로 열심히 운동에 매진하고 있다. 그의 일과는 아이들을 등교시키고 나서 운동을 하고 운동 후 휴식을 핑계로 다시 잠자리에 드는 것으로 시작된다. 그런 다음 식사 후 휴대전화를 만지작거리거나 커피를 마시며 빈둥거린다. 사람들이 알아볼 정도로 유명한 것도 아닌데, 아이들의 하교를 도와달라는 아내의 요청도 거절한다. 갑질과 허세가 하늘을 씨른나.

아내 양 씨는 결혼을 하고 보니 남편을 큰아들처럼 양육해야 하는 상황에 직면한다. 왜 결혼을 했는지 알 수가 없다. 반면 남편 정 씨는 아내의 불만과 불평을 이해하지 못하고, 오히려 아내가 자신을 불편하게 하는 여자라고 규정한다.

먼저 남편이 되고 아내가 되라

본의 아니게 남편이 큰아들 같고 아내가 엄마와 같은 경우가 허다하다. 이것은 가족 구성력이 실패한 케이스다. 때로는 그렇게라도 사는 것이 가족 생존의 방법이기도 하겠지만, 그럴 경우 여성이 아내로서의 역할을 포기하고 엄마와 같은 헌신과 희생을 감당해야만 한다. 만약 이런 포기와 헌신을 기쁨으로 감당할 수 있다면 이 시스템은 유지될 수도 있다. 그러나 아내라면 자신이 운동선수 뒤치다꺼리를 하기 위해 결혼한 것이 아니라는 사실이 명확하다. 남편을 아들처럼 키우는 엄마가 되려고 결혼한 것도 아니다. 아들처럼 구는 남편의 자기중심적 태도 역시 이혼 사유가 되고도 남는다.

가족 구성력은 결혼 이후의 건강과 행복을 위한 가장 중요한 조건이자 가족을 영위하는 능력이다. 결혼 당사자가 부모로부터 정서적 탯줄을 끊지 못했거나, 부모에 대한 두려움, 공포, 미움, 증오의 썩은 동아줄을 끊지 못하고, 형제간에 상한 경험이 해결되지 않은 채 지속된다면, 당사자는 스스로 올바로 살고 있다고 느낄지라도, 새로 형성한 가족과 그 시스템에 엄청난 피해를 입히는 것이 현실이다.

남성은 남성성을 갖추어 남편, 아버지, 할아버지로 나아가는 것이 존재의 성장 코스이며, 그 열매는 가족 구성력으로 드러난다. 남편이 시어머니의 아들로, 아내가 장인의 딸로 남아 살게 되면, 새로 형성된 가족은 온전한 새 시스템을 이루지 못한다. 즉, 몸은 결혼했지만 가치, 감정, 관계, 권력, 집행의 핵심 시스템 기능이 여전히 출생 가정에 묶여 있는 상태이다.

아무리 가문과 집안이 중요해도 부부가 자기 가족을 제대로 구성하지 못하면 가정 시스템에 문제가 생기고 그러면 나머지가 다 소용없는 일이 된다. 이혼을 생각하는 것이 아니라면, 가족 구성력을 온전히 발휘하여 확고한 남편과 아내로 자리 잡는 것이 최우선이 되어야 한다. 아무리 좋은 효자 효녀가 나더라도 그것이 당대에 그의 불행과 이혼을 초래한다면 의미가 없다. 일단 자녀가 결혼을 하면 부모는 정서적 탯줄을 끊고 자녀의 가족이 건강하게 구성될 수 있도록 힘껏 도와야 한다. 아들이 남편 자리에, 딸이 아내 자리에 잘 정착하도록 무조건 도와야 한다. 부모의 힘 자랑이나 위계질서 확립을 위한 불필요한 간섭은 금물이다.

결혼 직후 최소 1년은 부부가 서로에게 집중하도록 관여하지 않는 것이 지혜이며, 시댁과 친정 챙기기 역시 균형을 맞추어 처리하도록 놔두는 것이 좋다. 그래야 남편과 아내라는 가족 구성을 가장 먼저 정착시킬 수 있다. 결혼식을 올렸을 뿐인데, 아직 아내의 자리에 정착하기도 전인데 집안의 며느리 노릇부터 잘하라고 요구하면 부부 사이에 문제가 자리 잡을 수 있다. 남편이 아닌 그 집의 아들로서의 자리매김부터 강화되는 결혼은 일방통행이 될 뿐이다. '아들'과 '아내'는 부부가 될 수 없다. 자녀를 낳아 부모가 되었는데도 남편이 여전히 '아들'이라면, 그는 자기 자녀의 아버지가 될 수 없다. 이것이 현실이다.

남 씨는 집안의 장손으로서 고도의 특권을 누리며 성장했다. 한 달에 두 번 제사를 드릴 때도 할아버지, 아버지, 장손인 남 씨 순으로 가장 앞에서 제사를 주관하였고, 밥상을 받을 때도 장손이기 때문에 다른 어른들을 제치고 장손이신 할아버지, 아버지와 같은 상을 받았다. 남 씨는 그런 상황을 누구보다 즐겼다. 그는 온 동네 사람들로부터 점잖다, 장손답다는 칭찬을 들으며 자랐다. 그 역시 칭찬에 걸맞은 모범적인 장손이 되기 위해 노력했다. 그의 아버지 역시 장손으로서 온 가족을 잘 돌보았는데, 남 씨는 그런 아버지의 헌신을 존경했으며, 자기 역시 아버지를 이어 그렇게 되기를 간절히 원했다.

남 씨는 자신보다 여덟 살 어린 총명하고 야무진 홍 씨와 결혼했다. 홍 씨 역시 장녀였다. 그런데 그녀의 매력은 소소한 재미를 즐길 줄 알고, 사람들의 시선을 의식하지 않는 자유롭고 자신만만한 모습이었다. 남 씨는 홍 씨의 이런 모습에 매료되었다.

홍 씨는 일찍이 바쁜 부모님과 떨어져 동생과 둘이서 생활했기 때문에 타인의 시선이나 참견을 좋아하지 않았다. 동생과 생활하며 독립심을 키웠으나 외로움도 느꼈다. 이런 배경으로 홍 씨는 남 씨의 집안 환경과 장손이라는 듬직함에 매력을 느꼈다. 그는 많은 것을 알았고 많은 사람도 알고 있었다. 결혼 전에 그의 고향을 방문했을 때 남 씨가 장손으로 그 마을 사람들과 긴밀하게 연결되어 있으며, 모두 한 가족 같아서 그것이 넉넉하고 푸근하고 행복하다고 느꼈다. 홍 씨가 한 번도 느껴보지 못했던 대가족 공동체의 관심과 사랑을 경험한 것이다.

그런데 문제는 결혼식 직후부터 시작되었다. 신혼여행에서 돌아오자마자 남 씨는 신혼집 대신 고향으로 직행하여 온 동네를 다니며 인사를 드렸고, 밤늦게까지 찾아오는 일가친지를 맞이하느라 아내를 쳐다볼 겨를도 없었다. 아내 홍 씨가 방에 들어가 쉬겠다고 하자 그것은 예의가 아니라고, 아무것도 안해도 좋으니 웃으며 그냥 옆에 앉아 있으라고 말했다. 힘들어 하는 아내의 상태는 돌아보지 않고 자기 체면과 의무만 중요했던 것이다.

그때부터였을까. 두 사람은 조금씩 멀어졌다. 남편은 남편대로 아내에게 기본적인 도리를 요구했다고 생각했다. 결혼을 했으면 아내가 장손인 자기 체면을 세워주고, 결혼 잘했다는 소리를 듣도록 도와주어야 하는데, 홍 씨가 이렇게 눈치 없는 사람인지 몰랐다. 아무리 나이가 어려도 이런 깃까지 인제 일일이 가르치나, 본인도 장녀이면서 왜 모르는지 이해가 되지 않았다.

아내 홍 씨도 자신을 전혀 고려하지 않는 남편, 이미 자기 집안 가문과 결혼한 장손, 동네 어른들 앞에서 권위적인 태도로 언성까지 높이는 그를 보며 망연자실했다. 자신이 그의 아내이기 이전에 그 마을 장손댁 며느리라는 사실에 직면한 것이다.

이제부터 두 사람은 자기가 원하는 역할과 기능을 하지 않는 상대를 향해 불신, 원망, 불평, 지적질로 몸과 마음이 너덜너덜해질 것이다. 적군의 포로가 되어 겨우겨우 살아갈 뿐이다. 당연히 자녀들도 불행하다. 마스터가 가장 먼저 수행해야 할 과제인 가족 구성력을 제때 제대로 사용하지 않아 실패하는 결혼이 너무 많다.

최근 P 드라마를 보면 가족이 식사를 하는데 남자들 상 따로,

여자들 상 따로 나누어서 식사하는 장면이 나온다. 그런데 젊은 주인공이자 남편이 갑자기 자신의 아내와 딸이 있는 밥상으로 돌아앉아 이제부터는 자신의 밥을 여기에 달라고 말하는 장면이 나온다. 앞으로 자신의 가족과 함께 식사하겠다는 선포와 다름없다. 가족 구성력을 제대로 발휘하는 명확한 예시라고 할 수 있다. 남편은 아내가 시댁의 며느리가 되기 위해 결혼한 것이 아니라 자신의 아내가 되기 위해 결혼했다고 말하고 즉시 본가에서 나와 셋방살이에 들어간다. 주인공이 자기가 돌봐야 하고 소속되어야 할 가장 중요한 가족이 누구인지를 결정하는 순간이었다. 이 결정에 실패하면 일생일대의 가장 큰 실수를 저지르게 된다. 다른 나쁜 짓을 하지 않았더라도 결혼은 이미 실패의 길로 들어서는 것이다.

결혼과 가족 구성력

송 씨의 아버지는 가부장적이고 알코올 중독이었던 아버지의 폭력과 행패로 오랫동안 고통받는 어머니와 누나들만 생각하면 늘 가슴이 아렸다. 어머니와 누나들이 막내였던 송 씨를 어떻게든 보호하기 위해 온갖 욕을 더 먹고, 더 맞고, 무슨 수를 쓰더라도 어린 자신을 보호해주었기 때문이다. 그래서 송 씨는 자신이 이 세 여자들에게 말도 못할 빚을 지었다는 생각으로 늘 감사하며 살았다. 어머니와 누나들의 말이라면 하늘의 별도 달도 따줄 수 있는 동생으로 성장했다.

세월이 흘러서 누나들이 결혼하고, 아버지는 결국 추운 겨울 술에 취한 채 길에 쓰러져 객사하고 말았다. 아이러니하게도 가족들은 안도했다. 이제 송 씨는 홀로 된 어머니를 지극정성으로 모시면 된다고 생각했다. 그는 돈을 버는 대로 전부 어머니에게 드렸다. 누나들이 필요하다는 돈도 그 돈에서 계속 빠져나갔다. 송 씨는 어머니를 중심으로 똘똘 뭉친 세 명의 마스터를 위해서라면 언제나 무슨 일이든지 하고 절대복종하는 그들의 사병이 되었다. 살아생전 아버지는 송 씨에게 여자는 북어처럼 사흘에 한 번씩 패야 부드러워지고 말을 잘 듣는다고 가르쳤다. 하지만 송 씨에게는 그런 말들이 자신의 어머니와 누나들에게는 해당되지 않았다. 그들은 이미 자신에게 구원자들이었기 때문이다.

문제는 송 씨가 결혼을 했다는 것이다. 그냥 어머니와 누나들의 문제 해결사로 살았으면 좋으련만 다른 여자와 결혼을 하면서 새로운 가정에 위기가 닥친 것이다. 그에게는 이미 그가 속해 있는 주인이 있고, 그 관계는 아주 특별하며, 배반이란 있을 수 없기 때문에 그는 결혼했지만 한 여자의 남편으로 살아가는 것이 불가능했기 때문이다.

송 씨의 아내는 정말 이해할 수 없는 신혼을 보냈다. 결혼 준비 단계부터 이해하기 어려운 일들이 많았지만 정확한 이유가 뭔지 알지 못했다. 어머니와 누이들을 지극히 여기고 잘 섬기는 것은 나무랄 일이 아니었기 때문이다. 송 씨의 일상은 정해져 있었다. 어머니 댁으로 퇴근하여 거기서 밥 먹고, 거기서 자고, 거기서 출근하는 날이 보통이었다. 아들이 홀로 계신 어머니가 외로울까봐 그렇게 하는데 뭐가 문제냐고 되묻는다. 그래도 결혼을 했으니까 신혼집에서 생활하는 것이 맞지 않냐는 말에 속좁은 아내를 나무라며 효도를 강조한다. 어머니가 자기를 어떻게 키웠는지, 누나들이 자기를 어떻게 도왔는지, 결혼을 했다는 이유만으로 자기를 목숨 걸고 보호해준 그들을 배반할 수 없다는 것이 남편 송 씨의 일방적인 논리였다.

가족 구성력은 건강한 가정을 형성하는 데 중요한 능력이다. 결혼하면 반드시 시행해야 하는 첫 번째 능력이다. 부모님이 구성하고 형성해온 그들의 가정 시스템에서 벗어나 자기 가족을 구성하는 가족 구성력을 단단히 준비해야만 한다. 이것은 미리 연구하고, 상호 의논하며, 평강 가운데 이루어져야 하는 결혼의 '첫 삽'을 뜨는 작업이다. 가장 이상적인 그림은 결혼한 자녀에게 그 능력이 발휘되기 전에, 오히려 부모가 먼저 새 가정을 위해 탯줄을 끊어주는 것이다. 그것이 최상의 지혜이다.

가족의 가장 기본적인 구성은 남편과 아내이며, 그 후에 부모와 자녀이다. 이 기본적인 관계 시스템이 순서대로 구축되지 않으면 관계가 꼬여 가정 시스템이 엉망이 된다. 이 기본 구성이 튼튼하면 가정 시스템의 50퍼센트는 이미 마련된 것이다. 그러나 남편이 남편이 아니고 아내가 아내가 아니면 거기서부터 가정 시스템은 비정상적으로 운영되기 시작하며, 실수를 유발하고, 결혼을 위기와 실패로 몰아간다.

사실 결혼은 어떤 비즈니스보다 중요하다. 결혼에 성공해야 인생이 플러스가 된다. 정치, 경제, 교육, 사회, 문화, 종교 등 모든 힘은 가정 시스템 안에서 작동한다. 가정이야말로 이 힘들을 잘 사용하고 플러스 이익을 남겨야 하는 가장 중요한 비즈니스이다. 'Business as Mission'의 가장 중요한 첫 살림인 이 가정 살림을 할 줄 모르면서 돈 버는 비즈니스에만 집중한다면, 그 사업도 결국 망함이나.

앞선 사례처럼 아무리 장손의 위치가 중요하고 그 의무와 책임을 다했어도 결혼한 아내와 부부로서 관계 시스템이 완성되지 않으면 그 관계는 평생 삐걱거린다. 남편은 장손인 자신의 체면과 권위를 세워주지 않은 아내에게 무시당하고 배신당한 상한 감정이 작동하고, 아내는 아내로서 자기 존재의 값에 문제가 생겨 사사건건 '값질'을 하지 않으면 자신의 불편함을 알릴 방법이 없기 때문이다.

부부는 가족이 되어 서로 행복하게 잘 살려고 결혼했다. 그러나 가족 구성력을 제때 제대로 발휘하지 못하면 불행은 빠르게 찾아온다. 남편과 아내가 제 자리를 잡지 못하면 불행 외에 다른 그림은 없다는 것을 기억해야 한다.

건강한 부부가 가족 건강의 모든 것이다

차 씨는 아버지를 무서워하고 어머니에게 무조건 순종하는 착한 아들이다. 반면에 아내 여 씨는 부모님이 너무 연약해서 어려서부터 부모보다 더 큰 어른처럼 부모에게 괜찮다고 말해주고, 최고라고 격려해주고, 가장 좋은 부모라고 칭찬해주는 자녀, 가난한 부모의 마음이 위축되지 않도록 항상 업업(up, up) 시켜주는 치어리더로 성장했다.

이런 차 씨와 여 씨는 서로 상반되는 관계 상황에 매력을 느끼며 결혼했다. 아내 여 씨는 시아버지의 권위도, 시어머니의 적극적인 생활 리더십도 부러웠다. 그녀는 조금은 무섭고 힘들게 하더라도 가족을 책임지는 부모이니 이보다 더 좋을 수 없다고 생각했다. 한마디로 그런 부모를 둔 남편이 너무 부러웠다. 남편 차 씨는 능력 있는 아내 여 씨가 너무 좋았다. 그녀는 뭐 하나 주저하지 않고 거침없이 해결한다. 항상 자기를 격려하고 칭찬해준다. 어떨 때는 엄마보다 더 자기를 믿어준다. 얼마나 든든한지 없던 날개가 생긴 것 같아 하늘을 훨훨 날 것 같은 자유함이 들어 너무 행복하다.

문제는 항상 결혼한 후부터 시작된다. 차 씨는 여전히 아버지가 무섭고, 생활 리더십이 강한 엄마도 여전히 계신다. 그리고 이제껏 없던 새엄마 같은 아내까지 생겨 '행복한 아들' 노릇에 평안함을 느낀다. 차 씨의 어머니는 능력 없는 아들 때문에 항상 골치가 아팠는데 능력 있는 며느리가 아들 대신 뭐든 다 해내니 감사하다. 며느리가 아주 마음에 든다. 다만 며느리가 시부모가 시키는 대로 하지 않아 기분이 상할 때가 있다. 결과는 예상외로 좋지만 과정은 똑똑하다고 시부모를 무시하는 것 같아 마음이 꼬인다.

이제 차 씨는 부모님과 문제가 생길 때는 엄마의 치마폭에 쏙 들어가버리는 아들, 부모님이 아내와 문제가 생길 때는 새엄마(아내)의 치마폭에 쏙 들어가버리는 남편이 되었다. 아내 여 씨는 결혼과 함께 졸지에 '못난 아들'이 생긴 것 같아 남편에게 서운하다. 무엇 하나 책임지지 않고 필요할 때만 이용하는 것 같아 비겁하게 느껴진다. 하지만 차 씨는 책임지지 않아 평안한 아들의 자리에서 꼼짝하지 않는다. 옛엄마와 새엄마 모두 자기를 마음에 들어 하지 않는 것도 문제가 되지 않는다. 자기가 문제 해결사가 되는 것보다 문제아가 되는 것이 훨씬 유익하다는 것을 알기 때문이다.

가족을 시작하는 순간, 마스터의 가족 구성력은 곧 가족 건강의 모든 것이다. 결혼 전에 어떤 역할과 기능으로 살았든지 상관없이, 결혼을 하면 '남편'과 '아내'라는 자리에 가장 먼저, 반드시 정착해야 한다. 그래야만 가정 시스템의 그다음 단계가 건강하게 전개될 수 있다.

건강하다는 것은 다른 것이 아니다. 남편이 아내를 책임지고 보호하고 지켜주고, 아내가 남편을 책임지고 보호하고 지켜주고, 무엇보다 먼저 사랑함으로 둘이 한 몸을 이루는 것이다. 둘이 한 방향, 한 마음, 한 뜻, 한 말을 갖는 것이 핵심이다. 그래야 대화가 가능하고, 생활 속에서 일어나는 모든 문제 풀이가 균형 있고, 조화롭고, 편안하게 해결될 수 있다. 그렇지 않으면, 매사 서로 부부인 것이 확인되지 않아 그 원초적인 문제를 다루느라 진짜 문제를 해결하지 못한다. 먼저 부부임이 확인되지 않으면 부부로 살아가면서 일어나는 문제를 해결해야 할 이유가 없다. 문제를 풀어내는 것이 아니라 문제를 키워서 결국 병이 나고 몸져눕는다. 문제가 정신없이 확산되어 결국 그 가정에서 살기 싫어진다.

모든 가정 문제의 발단은 부부가 부부가 아니라는 사실에 근거한다. 관계가 어그러져 문제가 발생하면 매번 감정의 골이 깊어진다. 결국 감정이 상하면 가족 구성력은 쓸데없는 능력이 되고, 엉뚱한 관계가 실세가 된다. 결혼했지만 여전히 부자(父子) 관계만 구성할 줄 아는 아들, 자기의 행복과 유익을 위해서 영원히 아들에 머물러 있어도 좋다는 것이다.

남편과 아내는 모든 관계의 기본이자 가장 중요한 역할과 기능이다. 누가 마스터가 될지 그것은 그다음 과제이다. 마스터는 상황에 따라 이 사람도 저 사람도 할 수 있다. 가족을 건강하고 행복하게 할 수 있는 가정 시스템이 선순환으로 작동하도록 제때 제대로 된 가족 구성력을 발휘하는 것이 마스터가 될 사람의 주된 사명임을 명확히 깨달아야 한다.

원가족에서 분리되어 새가족에게 연결되기

천 씨는 부모님이 항상 걱정이다. 둘째 딸인데도 부모님 걱정에 자기 집안 살림을 못할 정도다. 그녀의 일과는 매일 친정 부모 댁을 찾아가 집안 살림을 해주는 일이다. 남편은 매일 피곤해하는 아내에게 친정 부모님 돌보는 일을 다른 형제들과 나누라고 한다. 그때마다 천 씨는 "당신은 왜 내가 내 부모님 섬기는 것을 싫어하냐?", "우리 부모님은 죽으라는 거냐?"라고 핏대를 세운다. 자신이 친정 부모님 섬긴다고 피곤해서 아이들에게 신경 쓸 에너지가 없고, 집안 살림도 소홀한 것은 안중에 없다. 오늘도 남편은 퇴근하여 엄마 없이 TV만 보는 아이들의 저녁을 준비한다. 아내도 엄마도 없는 이런 결혼생활을 계속 이어가야 할지 스스로 심각한 질문을 던져본다.

원가족으로부터 탯줄이 끊어지지 않으면, 새가족에게 연결될 수 없다. 옛사람이 죽지 않으면 은혜로 새 사람이 태어나도 제대로 활동하지 못하는 것과 같다. 남편과 아내는 남남이 만난 사이이기 때문에 작정하고 탯줄을 연결하는 수고와 노력을 해야 한다. 저절로 되는 것이 아니다. 사랑한다는 조건 하나로 한 몸을 이루었으니, 누구보다 먼저 서로 챙기고, 무엇보다 먼저 서로 우선순위가 되어야 한다. 사랑은 서로 신경써주고 서로 믿어주면서 더욱 두터워져 가는 것이다.

자라면서 인정받지 못한 자녀의 경우, 결혼 후에도 배우자의 인정보다 부모의 인정을 더 갈구한다. 형제들이 다 결혼해서 부모님을 챙길 여유가 없을 때, 둘째 딸인데도 지속적으로 부모를 잘 섬기자 "너 아니었으면 어쩔 뻔했니"라는 부모의 칭찬과 인정이 이어진다. 그러니 칭찬과 인정에 목말랐던 천 씨가 정신을 못 차리고 부모님 섬기기에 열중한 것이다. 흔히 인정에 목마른 사람들은 자신의 상태가 밑 빠진 독과 같아서 아무리 채워도 결코 만족할 수 없다는 사실을 알지 못한다. 우리는 칭찬과 인정을 구하는 모든 종류의 중독을 끊어내야 한다. 채워도 채워도 채워지지 않는 것들을 갈망해서는 안 된다. 온전한 가족 구성력을 발휘하여 남편과 아내로 새로운 가정을 시작해야 한다.

Q & A Session

1 당신 가정의 드러난 마스터와 은밀한 마스터는 누구인가요?

2 그들이 선포하는 법과 가치의 차이로 가정 시스템은 어떤 충돌을 경험하고 있나요?

3 가족 구성력을 당신의 언어로 설명해보세요.

4 결혼 당시, 당신의 마음에 있던 가족 구성을 나누어보세요.

5 지금 당신의 가족은 어떻게 구성되어 있나요?

6 당신의 가정에서 가장 중요한 사람은 누구인가요?

7 당신은 어떤 역할과 기능을 감당하고 있나요? 누가 그것을 요구했나요?

8 가족의 건강과 행복을 위해 가족 구성에 어떤 변화를 가져와야 할까요?

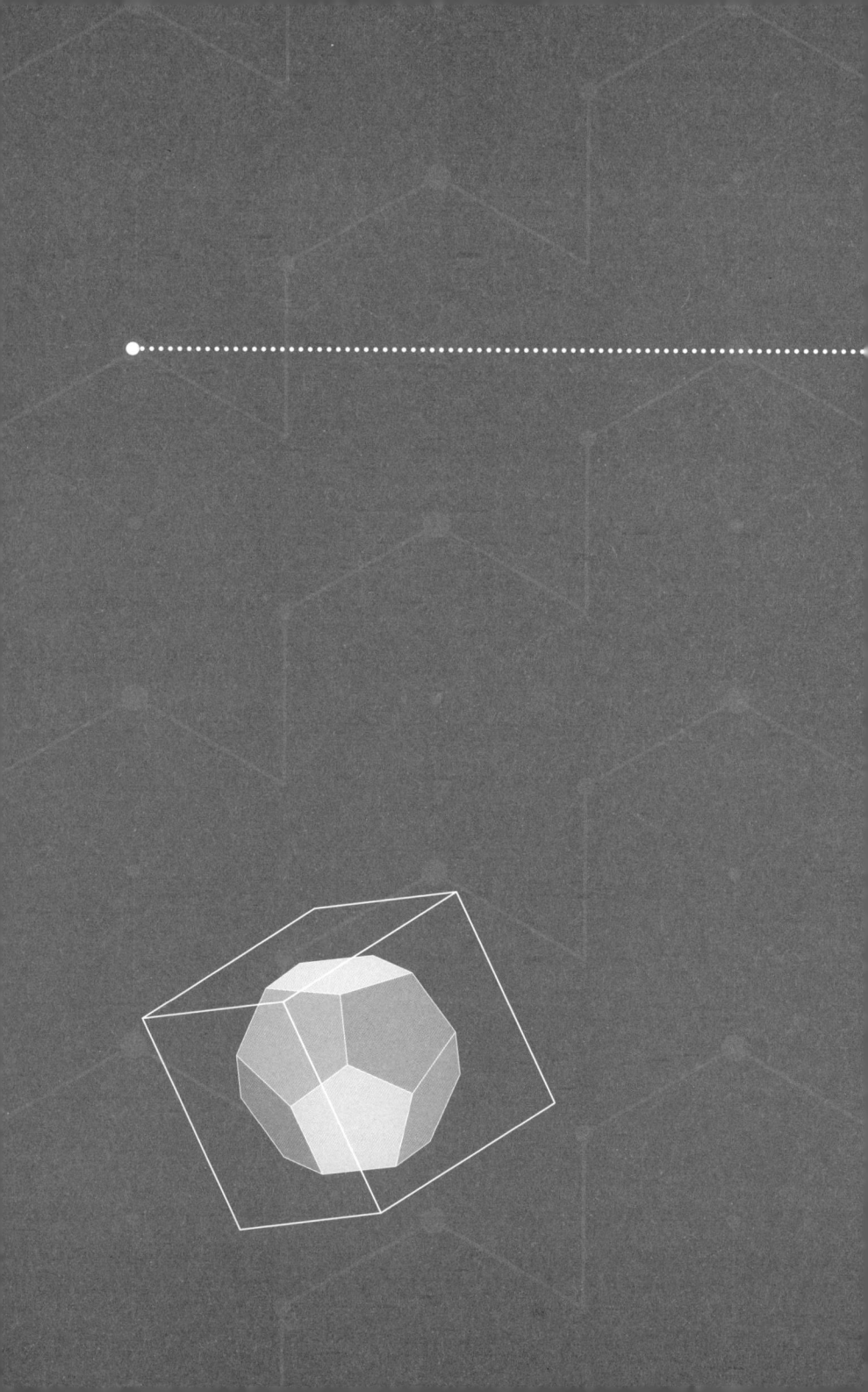

감정 시스템

05
마스터는 가족의 감정 시스템을 돌보아야 한다

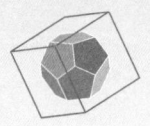

건강한 가정 시스템의 마스터는 때와 상황에 맞춰 변화를 시도한다. 자기 성찰에 게으르지 않고 반성과 도전에 대해 열려 있다. 자기가 성장하는 만큼 가족이 성장한다는 사실을 알기 때문에 기꺼이 수고하고 헌신하며 희생을 마다하지 않는다. 마스터가 이처럼 값을 치르는 이유는 가족의 마음을 상하지 않게 하려는 것이다. 자신의 자리가 가족을 섬기려는 것이지, 자기가 왕이 되어 대접을 받으려는 것이 아님을 명확히 알기 때문이다.

가족은 마스터의 돌봄과 인도가 필요하다. 마스터는 가족을 섬기는 큰 자로서 최선을 다해 가정 시스템을 선순환적으로 작동시키고, 가족의 안정과 건강을 가장 큰 사건으로 취급하는 사람이다. 이것이 마스터의 으뜸 사명이다.

마스터는 가장 먼저 가족 구성력을 발휘하여 남편과 아내로서

단단히 자리매김해야 한다. 그다음으로 가족의 감정을 이해해야 한다. 마스터를 가족의 감정을 다루는 자라고 정의해도 좋다. 그 중에서 가장 많은 관심을 쏟아야 할 것은 부부의 감정 관계이다.

부부의 동일한 갈등 시나리오

유 씨는 부모님이 항상 싸우고 엄마가 무척 불행해 한 가정에서 성장했다. 아버지는 항상 밖으로만 돌고, 만취한 상태로 밤늦게 귀가하는 날이 많았다. 그런데 어느 날부턴가 엄마도 한 마디도 지지 않고 아버지에게 대드는 사람이 되었다. 같이 소리 지르고, 같이 물건을 집어던지고, 하루도 바람 잘 날이 없었다. 유 씨는 그런 아버지가 싫었고 불행하게 사는 엄마도 싫었다. 그래서 유 씨는 자기를 잘 품어주는 남편을 만나 행복해지고 싶었다.

두 분이 싸울 때 엄마가 하는 말이 틀리지 않았다. 그저 "술 좀 그만 마시고 일찍 들어오라", "왜 내 말을 안 듣느냐", "난 당신한 테 뭐냐" 이런 식의 판에 박힌 말들이었다. 그런데 유 씨는 엄마가 술 마시고 들어온 아빠에게 하는 그 말들이 너무너무 지겨웠다.

아빠도 "술 먹었을 때는 날 좀 그냥 내버려두라고", "술을 마시고 싶지 않아도 마실 수밖에 없을 때가 있어", "더 이상 잔소리하면 화낼 거야"라고 말해도 엄마는 항상 결정적인 말을 빼놓지 않았다. "마시고 싶지 않으면 안 마시면 되지, 매일 피곤하다면서 왜 술을 마셔? 아버님도 간암으로 돌아가셨다면서? 당신 죽고 싶어?

죽고 싶냐고?" 결국 아빠는 잔소리한다, 시끄럽다, 자신을 무시한다, 지겹다고 소리 지르며 엄마를 폭행으로 진압했다.

그런데 결국 아빠는 죽었다. 엄마가 말한 그대로 간암으로 돌아가신 것이다. 이 사건으로 유 씨는 엄마가 술 먹고 들어온 아빠를 가만히 두지 않고 심하게 잔소리해서 더 피곤하게 만들었다고, 결국 아빠를 죽게 만든 것은 엄마라는 믿음을 갖게 되었다.

믿기 어렵겠지만 유 씨의 남편 손 씨도 유 씨와 거의 비슷한 가정 환경에서 자랐다. 손 씨의 부모님도 아버지의 알코올 중독으로 결혼생활 내내 싸우셨다. "저러다 죽지, 저러다 죽어! 당신, 절대 술 먹고 들어와서 집에서 죽지 마." 손 씨의 아버지는 추운 겨울 날 술을 먹고 외진 골목에서 쓰러져 자다가 동사했다. 손 씨 역시 문제는 엄마의 잔소리가 아빠를 길바닥에서 죽게 했다고 믿는 것이었다. 아내 유 씨가 술 문제로 잔소리를 할 때마다 그는 어머니를 향한 보복심 같은 것이 올라왔다. 자신이 엄마에게 말했듯이 아내의 잔소리가 남편을 죽게 만든다는 것을 증명하고 싶어 했다. 그래서 술 먹는 남편에게 잔소리하는 아내 유 씨를 향해 말했다.

"내가 술을 왜 먹는지 알아? 당신의 잔소리가 듣기 싫어서 술 마시는 거야. 그리고 나도 우리 아빠처럼 술 먹고 길바닥에서 죽을 거니까!"

어려운 부부 감정 관계

부부 사이는 감정 관계 사이다. 각자가 가진 사연에 끈적하게 들러붙어 있는 상한 감정이야말로 부부 관계에 '사이'(間)를 내고 한 몸을 이루지 못하도록 건널 수 없는 강을 만든다. 그러니까 부부 감정 관계는 함수처럼 어렵다. 부부가 한 몸이 되고 한 뜻을 이루는 데 일등 공신이 감정이요, 그 감정이 상하면 부부를 분열시키는 데도 일등 공신이 되기 때문이다. 일단 상한 감정이 작동하면 중요한 것도 쓰레기로 취급하고, 반대로 감정이 좋으면 쓰레기도 보석으로 여길 정도로 눈이 뒤집힌다. 그만큼 상한 감정은 큰 관심으로 잘 다루어야 한다.

부부는 그 사이가 벌어지면 그야말로 남보다 못한 원수가 된다. 서로 등을 지고 완전히 반대 방향을 바라보기 때문에 무엇을 하는지 모르고, 무슨 말을 해도 듣지 않는다. 서로 다른 사람의 편이 되어 상대가 말한 것은 그냥 다 틀렸다고 하는 상감(傷感)의 지휘 아래 휘둘리며 살아가게 된다.

따라서 부부는 서로 다른 가치 때문에 '사이'를 내면 안 된다. 그러나 상감은 필히 '부부 사이'를 만든다. 어느새 그 사이는 상한 언어를 쏟아내는 전쟁터로 전환된다. 진영을 갖추거나 선전포고도 없는 전쟁이 시작되는 것이다. 그렇게 부부는 적수가 되어 싸우고, 가정 안에서 가족에게 자기 상처를 투사하고, 투여하며, 투쟁하는 전쟁터로 만들어간다. 결국 가정은 폐허가 된다. 원수도 이런 원수가 없다.

감정 싸움이 시작되면 승자는 없다. 이 정보를 뇌에 새겨야 한다. 둘 사이에 성벽이 올라간다. 문에 빗장을 지르게 된다. 건너지 못할 강을 사이에 두고 서로에게 활을 쏜다. 결국 둘 다 자기 진영에서 이유도 모르고 죽으면서 상대 때문이라고 원망한다. 그러나 실은 자기가 자기를 죽인 것이다. 상감은 그렇게 절망과 함께 자폭하게 만든다.

사건과 사연을 어떻게 해석할 것인가?

사건 자체는 문제가 아니다. 그 사건을 어떻게 해석하느냐가 문제다. 아무리 힘들고 어려운 사건이라도, 해석만 잘하면 풀어갈 수 있다. 그러나 그 해석을 교란시키고 마음을 요동치게 하는 것이 바로 상한 감점이다. 우리는 이 상감을 조심해야 한다. 상감은 중요 관찰 대상이다. 정신을 바짝 차리고 그 움직임을 알아차려야 한다.

유 씨의 엄마가 술 먹고 들어온 남편을 죽이려고 "죽고 싶어?"라고 외쳤겠는가. 그것은 간암으로 돌아가신 시아버지처럼 되지 말라는 경고였다. 그러나 어린 유 씨는 그렇게 해석하지 않았다. 아빠가 싫어하는 잔소리를 엄마가 너무 많이 해서 아빠가 죽었다고 해석하고 그렇게 믿은 것이 문제였다.

여기에 더 큰 문제가 있다. 그렇게 해결되지 않은 '사연'과 '주제', '상한 감정'과 '주제 감정'을 가슴에 품고 무작정 결혼하는 무모함이다. 결혼은 사랑, 배려, 보호, 기쁨, 행복 이런 언어들을 잘 준비해도 어려울 수 있는데 '아빠를 죽인 엄마'라는 사연을 가슴에 품고, '엄마는 원수'라는 주제를 가지고 결혼했으니, 그 미숙한 가족 구성력으로 어떻게 건강한 가정 시스템을 구축할 수 있겠는가. 자기도 아내가 되고 엄마가 될 텐데, 자신의 잔소리가 남편을 죽일 수도 있다는 공식을 왜 진리처럼 품고 사는지, 상감은 정말 사람을 바보로 만든다,

한 세대의 풀리지 않은 이야기는 반드시 그 세대의 이야기로 끝내야 한다. '사연'은 물고 늘어서는 신뿃개의 능력이 있나. 그러니까 반드시 다음 세대 누군가의 목덜미를 물어 그 사연을 현실로 가져오게 한다. 사연은 죽고 싶어 하지 않는다. 끈질기게 물고 늘어져서 다음 세대도 망하는 것을 보고 싶어 한다. 사연이 사연인 것은 풀리지 않기 때문이다. 엄마를 원수 삼고, 부자 관계를 친밀할 수 없는 사이로 정해놓고, 억울하게 죽은 아빠의 죽음을 배반할 수 없도록 견고한 진을 짜놓는다. 전쟁해야 하는 이유의 깃발을 휘날린다. 이것이 상한 감정이다. 이성적으로 이해가 되지 않지만 사연자에게는 마땅히 그렇게 살아야 할 이유가 있다. 상한 감정이 가치를 이기는 이유가 여기 있다. 따라서 우리가 상한 감정을 잘 다스려야 한다.

마스터의 성장이 가정 시스템의 성장이다

유아를 키울 때와 초등학생, 중고등학생, 대학생, 취준생, 결혼을 앞둔 성인 자녀와 함께 살 때, 결혼한 자녀와 같이 살 때, 노부모를 섬길 때, 노부모가 손주들을 키워야 할 때, 혹은 부모가 없는 소년 소녀 가장일 때 각각 작동하는 가정 시스템이 다르다. 따라서 마스터는 가족의 성장에 따라 그 필요와 요구를 적절히 채워줄 수 있는 시스템을 운영해야 한다. 그때그때 필요한 관계 기능의 변화를 적절히 체득하여, 적시적소에 맞춤형 반응은 물론, 자원과 정보를 적절히 제공하는 유연하고 유능한 리더십을 발휘해야한다. 그래서 마스터는 아무나 하면 안 된다.

건강한 마스터는 가족들에 대해 관심을 가지고 공부하고, 연습하고, 훈련하여 가족들의 성장과 변화에 발맞춰야 한다. 혹시 홀로 감당하기 어려우면, 필요한 도움을 받는 것이 당연하다는 사실도 기억해야 한다.

마스터에게 배우는 기능은 무엇보다 중요한 자질이다. 마스터는 매 순간 가족 한 사람 한 사람의 성장하는 언어를 배워야 하고, 풍성한 어휘력으로 가족 관계를 풀어가야 마스터라는 이름이 값지게 된다. 마스터는 가족 건강에 엄청난 영향력을 끼친다. 가족은 마스터만큼 성장한다고 해도 절대 틀린 말이 아니다.

또한 마스터는 자신의 성장에도 성실해야 한다. 끊임없이 성장해야 하며, 혹 성장이 멈춰 서 있다면 채찍질을 가해야 한다. 가족 문제 중 70퍼센트 이상이 마스터의 것이며 많은 경우 해결책이 마스터에게 있다. 마스터가 유연하고, 재치 있고, 사랑의 언어가 풍성하고, 가족 하는 능력이 뛰어나면 그 가정은 건강한 시스템으로 작동할 수 있다. 마스터의 성장이 곧 가정 시스템의 성장이기 때문이다.

건강한 가정 시스템 작동 방법

(1) 시스템이 평안하고 조화로울 때

가정 시스템이 평안하고 균형과 조화가 잘 이우러져 작동하고 있을 때는 변화보다 유지가 더 필요하다고 생각할 수 있다. 당연히 선순환을 시스템화하려면 연습하고 또 연습해서 습관이 되도록(일관성 + 반복성 + 지속성) 충분한 시간이 필요하다.

그러나 습관화로 인한 안정을 누리다보면 어느새 시스템이 굳어지는 것이 자연적인 현상이다. 이때는 가족 회의를 통해 수시로 변화가 필요한 부분들을 수정하고 보충하여 필요 적절한 새바람이 유입되도록 신경을 써야 한다. 가족회의를 통해 하고 싶은 말이나 안건을 제시할 수 있도록 시스템을 열어놓는 것이 매우 중요하다. 건강한 시스템의 작동을 위한 인풋-아웃풋(input-output)은 필수 조건임을 명심해야 한다.

시스템의 문제는 습관화된다는 것이다. 습관화된 모든 것은 세월과 함께 굳어지고, 그러면 습관이 마치 진리처럼 자리를 잡고 힘자랑을 시작한다. 습관이 사람을 조정하여, 각자의 기능을 온전히 발휘하지 못하게 한다. 따라서 시스템의 안정적인 순간조차 매우 위험한 순간이 되는 것이다.

시스템의 못된 버릇은 관성이다. 관성은 모든 것을 일률적으로 해결해 나가려 한다는 것이다. 새로운 상황이나 사건도 시스템이 정해놓은 법과 원칙 안에서만 해결해야 하니, 상황과 맞지 않아 어긋나는 경우가 많다. 이런 경우에 대비하여 건강한 피드백 장치가 필수다. 어떤 피드백도 정죄하지 않고 용납되어야 한다.

(2) 시스템이 불안하고 균형이 깨졌을 때

시스템이 불안하고 균형이 깨져서 가족들이 조화를 이루지 못하고 불행하다면, 마스터는 과감히 자신의 가치 또는 감정을 뒤로하고, 가장 먼저 가족들의 감정 시스템을 점검해야 한다. 마스터는 가족들에게 불행의 이유가 무엇인지, 어떻게 하면 좋을지 묻는다. 선포되었던 법을 재조정하고, 재정렬하며, 필요하다면 포기하고 새로 시작하는 유연성도 발휘해야 한다. 상황과 조건에 맞는 새로운 법을 선포해야만 행복하게 살 수 있는 시스템이 작동하기 때문이다. 과감한 용기를 내야 한다. 마스터가 변화하면 가정 시스템이 변하기 때문이다.

가정 시스템이 병들면 그 시스템 안에 불안과 불만이 충만하다.

마스터는 그런 조건들부터 제거해보아야 한다. 불안, 초조, 긴장, 화, 분노, 우울, 슬픔 같은 드러난 부정적인 감정들을 감지하고, 부정적이고 이차적인 감정들을 해소시켜주도록 방향을 잡아야 한다.

만약 무엇이 문제인지 모르겠다면 어떻게 하면 마음이 좋아질지 추측하지 말고, "많이 슬픈 것 같은데, 맞아?"라고 직접 물어보라. 상대의 감정은 상대가 가장 잘 알기 때문이다. 너무 당연한 것을 물어본다고 화를 내거나 더 삐치고 슬퍼할 수도 있다. 그러나 그때 "내가 감정에 무디고 무식해서 그래. 미안해. 당신이 슬프니까 나도 슬퍼. 그런데도 어떻게 해야 할지 몰라 답답해서 그래. 내가 이렇게 해야 당신의 마음이 편안해실 수 있는지 말해줘. 당신의 감정에 대해 나에게 좀 가르쳐줘"라고 말하면 속상했던 마음도 조금 풀어질 수 있다.

감정은 전적으로 개인의 것이다

감정은 전적으로 개인의 것이라서 왜 그러냐고 물으면 상대는 기가 막혀 말을 못하든지, 더 화가 나고, 더 속상해서 슬프거나, 더 삐치게 된다. 그래서 서로의 감정에 대해 알 수 있도록 도와야 한다. 필요하다면 회개하고 용서를 빌 수 있도록 안내해주어야 한다. "이번 일은 당신이 실수한 거야. 나한테 미안하다고 말해야 해!" 이처럼 명확하게 요구할 수도 있다.

귀찮고 자존심이 상하는 것 같아도 감정 세계는 자기 세상이라

입국 절차를 거치지 않으면 들어갈 수 없다. 알 수 없는 다른 나라 언어다. 들어도 알 수 없는 외래어다. 상대가 원치 않으면 입국 허가가 부결될 수도 있다. 그러니 입국을 위한 절차를 가르쳐주고 조건(요구)을 알려주는 것이 중요하다.

마스터는 누구라도 최선을 다한다. 당연히 그 최선은 자기 모국어(경험 및 능력)만큼의 최선이다. 그러므로 마스터의 섬김은 가족 모두를 위한 최고점을 찍지 못하고, 그렇기 때문에 불평과 불만이 항상 발생한다. 그럼에도 불구하고 마스터가 가족들을 섬기려 애쓴다고 느끼면(감정) 웬만한 불편을 넘어가주는 경우도 많다. 그것이 다 "가족을 위해 저런다"고 믿어주기(감정적 믿음) 때문이다. 그러나 감정이 꼬여 타래를 이루고 있다면(감정적 불신) 그 감정 타래를 풀어주는 대화가 반드시 이루어져야 한다. 그래야만 비로소 가정 시스템이 안정을 찾을 수 있다.

시스템의 불안을 조성하는 것이 마스터 자신의 가치와 감정이라면, 가족들의 피드백을 잘 받아서 그것들을 재정의하고, 재정립하는 시간을 반드시 가져야 한다. 이 과정은 온 가족과 함께 이루어져야 한다. 가치가 시스템을 병들게 할 수 있고, 그 가치에 연결된 불편한 감정이 사람을 병들게 할 수 있기 때문이다. 마스터는 그 감정 내비게이션을 잘 읽어야 목표점에 도착할 수 있을 것이다.

마스터가 돌보아야 할 가족의 감정 시스템

가족의 건강은 70퍼센트 이상 마스터에게 달려 있다. 마스터가 그러한즉 시스템이 그러하기 때문에, 마스터의 가치는 무엇보다 중요하다. 그가 가진 가치가 시스템을 형성하는 중요한 주춧돌이 된다. 그러나 마스터가 감정적으로 건강하지 않고, 상한 감정적 모국어에 쏠려 있으면 그만큼 상한 감정으로 조정되는 가치를 선포하게 되어 가족은 물론 가정 시스템도 병들어 쪼그라든다. 이는 마스터의 상한 감정만큼 가정이기 때문이다.

안타까운 것은 비록 상한 감정으로 작동하는 마스터이지만, 가족을 사랑하는 마음이 누구 못지않은 경우이다. 그럴 경우 마스터는 억울해서 미칠 것 같아 더 삐치고, 화를 내고, 점점 더 폭력적인 마스터가 되기도 한다. 그럴 때 마스터는 자기가 당연하다고 여기는 것이라 할지라도 가족들의 동의를 얻어 선포하고 시행하는 절차를 거치는 것이 현명하다.

상한 마음으로 사랑하면 그것보다 아픈 사랑은 없다. 자기에게 치우친 감정으로 사랑하기 때문에 가족들에게 유익하지 않고 위협이 될 수도 있다. 마스터의 가치를 시행하는 것보다 더 중요한 것은 가정 시스템이 원활하고 선순환적으로 잘 작동하게 하는 것이다. 건강한 마스터는 가치 시스템의 확장보다 가족의 평안과 건강을 먼저 생각해야 한다. 이것이 감정 시스템을 돌봐야 하는 마스터의 중요한 리더십이다.

대화 불능 vs 일방 통행

강 씨는 아내가 너무 답답하다. 무슨 말을 하면 알아듣지 못한다. 언행이 느리고 때로 자기 생각에 몰두해 주거니 받거니가 안 된다. 자신의 말에 집중해달라고 해도 그때뿐 어떤 단어나 사건이나 문제에 걸리면 마치 빨간 불에 걸린 것처럼 그대로 서 있다. 자기 딴에는 자신이 알고 있는 데이터와 다른 것을 정리하느라 그렇다는데, 매번 그런 현상이 나타나니 대화하기 싫고 말하는 것도 두렵다. 좀 달라도 넘어가고, 정말 들어야 할 주제를 잘 들었으면 좋겠는데 그게 안 된다. 말끝마다 남편인 내가 너무 세서 자신을 쪼아대고 코너로 몰고 위협하고 힘들게 한다고 한다.

진짜 강 씨를 힘들게 하는 것은 항상 타이밍이 맞지 않고, 어긋장을 놓고, 평행선을 달려 만나지 않는 아내인데 그 사실을 전혀 인정하지 않는다는 것이다. 대화를 시작해도 어느 순간부터 듣지 않고, 이해도 긍정도 부정도 동의도 하지 않는 것이 느껴진다. 그러면 자신이 더 말하고 더 반복해서 말하게 되는데 아내는 그것을 윽박하고 위협한다고 말하니 억울하고 답답할 노릇이 아니고 무엇인가.

강 씨의 억울함도 이해하겠지만 아내의 억울함도 만만치 않다. 남편 강 씨는 항상 자기 말만 옳고, 공평하고, 정의고 진심이라고 하니 아내는 비집고 들어갈 틈이 없다. 말로 표현하면 절대 수긍하지 않고 자기 말에 토를 달면 무척 자존심이 상해하니 말로는 해결할 수 없고, 그래서 느낌으로나마 동의하지 않는다고 전달할 뿐이다.

그런데 그것도 알아차리고 매번 강압적으로 자기 의견을 관철시키려 하니 세상에 이런 독재가 어디 있는가. 남편이 말하면 맞든지 틀리든지, 동의하지 않더라도 아무 생각 없이 알겠다고 해야 말썽이 없다. 자신의 말에 무조건 동의하기를 기대하다니 바보가 따로 없지 않은가.

상한 감정의 언어

가족의 주된 언어는 감성 언어이나. 마스터의 가치가 아무리 귀한 것이라도, 감정이 상하면 그 가치는 바닥에 내동댕이쳐진다. 교회에서도 목사에게 마음이 상한 사람은 아무리 강력한 복음이 선포되어도 들리지 않고, 듣고 싶어 하지도 않는 것과 같다. 이런 상황을 가리켜 우리는 흔히 "마음이 상했다" 또는 "감정이 상했다"고 말한다.

감정 언어는 사람의 기본적인 생활 언어이다. 죄를 짓기 전까지, 사람의 기본 생활 언어는 영적 언어였다. 인간은 에덴동산에서 영이신 하나님과 직접 대화했으며, 자연의 모든 것에 이름을 주고, 그 자연과도 대화가 가능했다. 여자가 자연물인 뱀과 뱀의 모양으로 나타난 사탄과 대화한 것 역시 영적 언어가 인간의 생활 언어였음을 알려주는 중요한 정보다.

그러나 사람이 죄를 지은 후, 언어에 큰 변화가 일어났다. 하나님과 사람 사이는 이제 하나님이 말씀하지 않으면 사람이 들을 수 없고, 하나님이 다가오지 않으면 사람 스스로 다가갈 수 없는 '먼 거리 관계'가 되어버렸다.

그뿐 아니라 사람과 사람 사이에 있어야 할 정상적인 대화도 없어졌다. 각자 자기 말만 하고, 각자 자기 말만 듣는다. 하나님의 가치는 더 이상 중요하지 않다. 자기 감정과 자기 마음이 원하는 대로 움직이는 것이 사람에게 가장 중요한 언어가 되었다. 이제 사람은 영적 언어가 아니라 변질되고 상한 감정 언어의 조정 아래 살게 되었다. 가족 구성력이 뒤틀려 관계의 짝을 맞추지 못하고, 가정 시스템에 오류가 생겨 오작동되고, 가족들은 상하고 아파하며 괴로워한다. 그 이유는 다 상한 감정 언어가 우리의 주된 생활 언어로 작동하기 때문이다.

감정은 매우 개인적이라고 했는데, 상한 감정은 더욱더 개인적이고 극히 이기적이다. 자기가 느끼지 못하고, 자기에게 중요하지 않은 것이라도, 상대에게는 매우 소중한 것일 수 있는 것이 바로 상한 감정의 세계다. 그래서 상감이 작동하면 서로 매우 민감하게 반응한다. '별 이상한 사람도 다 있다'고 생각하겠지만, 상대방 역시 당신을 향해 동일한 생각을 하고 있음에 주의해야 한다.

감정은 매우 이기적인 생활 언어이다. 누가 자기의 감정을 건드려 마음을 상하게 했으면 그 사람은 당연히 나쁜 사람이고 몹쓸

사람이다. 다른 이유가 없다. 정황상 절대 그렇게 생각해서는 안
되는데도 그럴 수 있는 것이 상감이다. 상감은 자체로 이미 너무
강력한 진리이기 때문이다.

06
상한 감정의 갑질을 주의하라

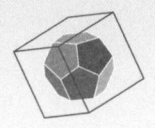

한 씨는 두 아들이 있는 상황에서 고아를 입양했다. 한 씨가 부유하고 덕망 있는 집안의 장손이었기 때문에 고아 입양은 당시 매우 고무적인 일이었다. 두 아들은 막내를 받아들이고 잘 챙겨주었다. 꼭 동생을 데리고 다녔고 모든 일에 참여시켰다. 좋은 일, 궂은 일, 가리지 않고 함께했다. 한 씨네 막내라서 받는 혜택도 많았지만 몹쓸 일도 많이 당했다. 형들이 해서는 안 될 일들은 대신 막내가 했다. 그것은 고아였다가 한 씨네 막내가 된 값으로 당연히 계산되었다.

막내는 나쁜 짓을 하고 싶지 않았다. 하지만 어쩔 수 없는 노릇이었다. 한 씨네 셋째 아들은 아들이 아니라 그냥 '막내'였다. 막대해도 되고, 막 써도 되고, 막일에 써먹는 아이였기 때문이다. 시키는 일을 가리지 않고 다 해야 하는 도구였기 때문이다. 막내는 점점 더 마음이 상해갔다. 그 행위는 거짓말, 사기, 심지어 심각한 범죄까지 이르렀다. 막내는 '어쨌든 나도 아들인데 이런 일까지 시키는가?' 하고 고뇌했지만, '아들이라고 인정만 해준다면, 아버지와 가족을 위해 무슨 짓을 못하겠어'라고 생각을 다잡으며 모든 잡일을 열심히 해냈다.

그러나 한 씨네 셋째 아들로 인정받는 일은 일어나지 않았다. 막내는 그저 집에서 키우는 충견(忠犬)일 뿐이었다. 겉으로 아버지와 아들이라는 이름만 있었을 뿐, 그는 다른 두 아들과 같은 관계가 아니었다. 아버지는 아버지로서 관계하지 않았고, 아들로 대우하지 않았다. 그는 그냥 막내였다.

결국 그는 배신을 결심했다. 이 집에서 나가야만 사람처럼 살 수 있다고 믿었기 때문이다. 그는 어떻게든 공부하고 돈을 모아야 했다. 이 집 사람들이 자기를 함부로 사용하지 못하게 하려면 큰 힘을 가져야 한다고 주먹을 쥐었다. 그는 복수할 기회를 노렸다. 집안의 비밀을 모으고 사건의 경위를 기록하기 시작했다. 자신이 어떻게 되든지 이 집안만큼은 반드시 망가뜨리겠다고 이를 악문다. 감정이 상하면 모든 것이 복수에 불을 지피는 장작더미로 변한다.

상한 감정 시스템이 가치를 이긴다

가족은 상한 감정으로 작동할 수 있다. 어떤 종류의 상한 감정이라도 일관성 있게 반복하여 지속하면, 그것은 곧 상한 감정 시스템을 형성한다. 이는 상한 감정이 습관이 된다는 것을 의미한다. 습관적인 상한 감정은 자기를 대표하는 주된 캐릭터로 자리 잡는다. 예를 들어, 슬픔을 일관성 있게 반복적으로 지속하고 있으면, 그 사람은 '슬픈 사람'이 되는 것이다.

하나님은 교회를 향해 "항상 기뻐하라"고 말씀하셨다. 이는 기쁨이 교회의 '감성 시스템'이 되어서 항상, 습관적으로, 언제든지 상황이나 조건과 상관없이 기뻐하라는 뜻이다. 주 안에서 새롭게 태어난 새 사람의 주된 감성이 바로 '기쁨'이다. 에덴동산처럼 하나님의 기쁨의 동산으로 회복되는 것을 의미한다. 그래야 그 기쁨으로부터 발원하는 생수의 강이 하나님의 에덴동산인 새 사람을 적시고, 세상 끝까지 흘러가지 않겠는가. 새 사람은 기쁨의 사람이다.

가정은 가치 시스템이요, 또한 감정 시스템이다. 가정은 가치를 중심으로 작동해야 하는데, 감정이 상하면 가치를 무시하고, 상한 감정이 가정 시스템을 장악하게 된다. 그러면 상한 감정이 가치를 이기고, 시스템을 병들게 한다. 기억하라! 상한 감정이 가치를 이긴다.

감정은 생활 에너지다
에너지 넘치는 생활을 원하지 않는 사람은 없다. 왜 사람에게 에너지가 없다는 말이 나올까? 그 이유는 감정에 있다. 감정은 곧 힘이요, 능력이요, 에너지다. 조증(躁症)을 앓는 사람이 에너지가 넘치는 이유는 감정이 'High' 상태에 있기 때문이고, 우울증 환자가 에너지가 부족한 것은 감정이 'Low' 상태이기 때문이다. 당연히 마음이 좋으면 힘이 나고, 에너지가 넘치지만, 마음이 아프면 힘이 없고 에너지가 딸린다. 모든 생활에는 이 에너지가 절실하다. 감정이 좋으면 필요한 능력도 발휘된다.

마음이 열리면 주머니가 열린다는 말이 있다. 이는 곧 감정이 좋을 때 주머니가 열린다는 의미이다. 하나님도 그 마음이 열리면 하늘이 열리고, 하늘 창고의 복을 쏟아부어 주신다. 하나님의 마음은 오직 당신의 아들 예수를 통해서만 열린다. 그 예수를 구원자로 믿으면 하나님의 아들이 되는 권세를 얻게 되며, 하나님과 그 아들의 영이신 성령의 도우심으로 영성과 감성이 넘치는 에너지 충만한 삶을 살게 되는 것이다.

상한 감정의 노예

감정은 에너지 창고다. 감정 시스템이 슬프면 그 사람이 슬프다. 그러면 에너지가 없어 능력 발휘를 하지 못한다. 화내는 시스템이 작동하고 있다면, 화가 그의 힘이자 에너지이기 때문에 화를 내야 힘이 생기고 에너지가 넘친다. 결국 화가 생활을 풀어가는 에너지의 원천이 되고, 힘을 발휘하는 방법이 되는 것이다.

불안과 초조와 긴장과 의심이 시스템화되어 있으면, 그 사람은 강박 시스템을 작동시킨다. 매사 의심하고, 그 의심이 에너지가 되어 불안을 불러오니 강박을 불러들여 생활 풀이를 하게 된다. 그러나 풀면 풀수록 강박만 풀릴 뿐, 생활은 더욱 압박 가운데 빠지게 된다. 당연히 문제가 해결되지 않고, 오히려 더 단단히 묶이게 된다.

상한 감정은 사람을 풀어주지 않는다. 상감은 사람으로 하여금 상감의 노예가 되어 살게 한다. 상감이 힘이 되고, 에너지가 되고, 능력이 되어 사람을 부리기 시작한다. 상감이 일관성 있게, 반복적으로, 지속되니 상감이 그 사람의 감정 시스템이 되고, 사람은 그 상감에 시달리며 평생 탈출구를 찾지 못한다. 그런 사람이 마스터가 되면, 당연히 가정 시스템은 상한 감정의 도가니가 된다.

상감에 노예가 되면 상감이 상감(上監, 왕)이 된다. 상감보다 더 큰 힘은 없다. "잘 배우라", "잘 섬기라"는 가치가 있더라도, "목구멍이 포도청이다", "생존이 먼저다"라는 상감이 작동한다면, 배우지 않고, 섬기지 않고 자신이 생존하는 길을 택한다. 이때 나타나는 가치들은 "절대 손해 보는 짓 마라", "너부터 챙겨라", "남의 편의 봐주다가 네가 불편해진다", "네 먹거리를 남에게 빼앗기지 말고 남의 것도 낚아채라"는 장사판 가치들이 판치게 된다. 이렇게 상감의 노예는 자기가 자신의 주인이 되지 못한다.

새 사람의 영성 언어를 회복하라

하나님은 사랑이시다(요일 4:8). 자비롭고, 은혜롭고, 노하기를 더디하고, 인자와 진실이 많으시다(출 34:6). 인애하시며, 생명이시고, 미쁘시고, 신실하시고, 희망이시고, 기쁨이시고, 선하시고, 의로우시고, 진리이시고, 영원하시고, 친밀하시고, 친하시며, 오래 참으시고, 인내하시며, 절제하시고, 친절하시며, 온유하시고, 온전하시며, 완전하시고, 완벽하시다. 여기에 나열한 모든 퀄리티(Quality)가 하나님의 감성적 퀄리티이다.

"하나님은 영이시니 예배하는 자가 영과 진리로 예배할지니라"(요 4:24)라는 말씀은 쉽게 이해되시 않는 말씀이다. 여기서 "영이시니"라는 말도, "영과 진리로"라는 말도 모르는 사람에게는 난해한 용어로 들린다. 하나님은 영이시니 사람이 하나님을 예배할 때 영으로 예배하라는 뜻인데, '영'이 무엇인지 모르는 사람이 어떻게 영과 진리(진리와 진심)로 예배한다는 말인가. 그 자체가 이해 불가이다.

그래서 하나님은 우리를 위해 감성으로 자신을 설명하신다. "나는 사랑이다"라는 그 한마디가 하나님을 표현한다. 그러나 그것이 정말 전지전능하신 하나님께 합당한 언어인가? 아닐 수 있다. 그러나 하나님은 그 정의로 만족해하신다. 왜냐하면 당신은 아버지이시기 때문이다. 아들을 사랑하시는 아버지라는 단어 하나가 모든 것을 만족하게 설명하기 때문이다. 하나님은 우리가 이해할 수 있도록 감성으로 하나님 자신을 설명하신다.

죄로 인해 원래 인간에게 있었던 영성 언어가 없어졌지만, 예수를 믿어 새롭게 태어난 새 사람은 영성 언어가 회복된다. 그런데 가만히 보면 그 영성 언어라는 것이 '하나님의 감성'이라는 것을 깨닫게 된다. 감성의 언어, 즉 아버지와 아들의 언어가 회복되면 "하나님은 사랑이시다"라는 정의로 하나님을 다 이해할 수 있게 된 것이다. "영과 진리로 예배할지라"라는 말씀도 아들이 아버지를 사랑하는 마음으로, 하나님을 가장 좋아하고 존경해서 예배드린다는 의미로 충분히 이해 가능해지기 때문이다. 우리는 아직 영적인 것을 충분히 이해할 수 없다. 하지만 감성이 회복되면 아직은 여전히 부족한 상태지만 감성으로 영적 언어를 이해할 수 있게 된다. 아버지와 아들, 즉 가족이 되니까 말이다. 영성은 '가족성'임에 틀림없다.

따라서 이제부터 우리는 감정(感情)과 감성(感性)을 구별하여 사용해야 한다. 감정은 죄인이 된 사람이 소유하는 변질된 감성 상태요, 감성은 죄인이 된 사람의 오리지널 감정 상태라고 구별하여 사용해야 한다. 감정은 변질되고 뒤틀리고 상한 사람의 감정 상태로 정의하고, 감성은 하나님의 성품을 표현하는 형용사로 정의한다.

하나님은 성실하신 분이다. '성실'은 하나님의 성품을 묘사하는 감성 언어다. 하나님은 전지전능하신 분이다. '전지전능' 역시 하나님의 성품적 특성을 묘사하는 감성 언어다. 사람으로 표현하면, "김 씨는 똑똑하다. 완전 천재다. 모르는 것이 없고, 못하는 것이 없다"라고 표현할 것이다. 이런 감성의 언어들이 사람의 성품을 묘사하는 언어가 된다. 그 점이 중요하다. 하나님의 성품, 즉 감성은 사람이 이를 모방하고, 따라 할 수 있는 생활 언어라는 뜻이다.

하나님은 자신을 영적인 존재로만 표현하실 수 없다. 왜냐하면 우리가 알아보지도 못하고, 알아듣지도 못하기 때문이다. 특별히 죄로 말미암아 하나님과의 교제가 끊어진 사람에게는 하나님 자신을 영으로, 영적인 존재로, 영원의 방법으로 드러내도 알 수가 없다. 그래서 하나님은 영적 언어와 가장 비슷한 감성 언어로 자신을 표현해주시는 것이다. 서툴하신 하나님의 따뜻한 배려에 한량없는 감사와 찬양을 올려드린다.

부부는 서로 마음을 얻어야 하나의 마스터가 된다

부부는 각자 다른 가정 시스템에서 살다가 결혼했다. "사랑은 허다한 죄를 덮느니라"(벧전 4:8)라고 했는데, 그 사랑의 대상이 상한 자기 자신이라면, 그들은 사랑한다고 하면서 주위 사람들을 자기 사연 풀이 도구로 이용한다. 정말 최악의 가정이 생산되는 것이다. 심지어 배우자를 만나 상한 자기 자신을 치유하고 회복시켜보려고, 자기 유익을 위해 계산기를 두드리는 시스템을 작동시킨다. 정말 비열하다!

가족이라면 서로가 부족함을 알기에 서로를 보충해주려는 태도는 기본이요, 문제가 생겼을 때 상황을 풀어가고자 하는 마음의 여유는 필수 조건이다. 그러나 상한 사람은 그렇지 않다. 누가 주도권을 쥐고, 누가 권위와 권세의 자리에 앉아 온전한 대접을 받는가에 집중한다. 이들은 "내가 너를 만나 좀 더 나은 삶을 살고자 했는데, 오히려 내가 너를 도와야 하다니, 속았어. 내가 결혼 잘못했어" 이렇게 외치며 마이너스 감정 시스템을 풀가동시킨다. 결국 허공에 소리치고, 헛발질을 계속하고, 멍든 가슴을 주먹으로 치는 일이 발생한다.

아무리 마스터의 가치가 훌륭하고 탁월해도 감정이 상하면 상대는 마음을 닫고, 귀를 막아버린다. 절대 듣지 않고, 순종하지 않는다. 그러니 부부가 만나 제일 먼저 해야 할 일은 서로의 마음을 알아주는 것이다. 자기의 가치를 주장하고 전수하기 전에, 상대의 마음부터 얻어야 한다. 그러면 남편이 도둑질을 한다 한들 망보는 아내가 될 것이다.

무엇보다도 먼저 사랑으로 마음을 얻어야 한다. 남편의 마음을 얻으면 다른 어떤 여자도 그 마음을 빼앗을 수 없다. 사랑으로 마음을 다독이고, 다듬고, 다스려주라. 어떤 일이든지 감정이 상하면, 마이너스 시스템이 가동되니까 마음부터 읽어주고, 감정을 다스려줘야 상황을 풀어갈 수 있다. 기억하라, 상한 감정이 가치를 이긴다는 것을.

상한 감정으로 살지 않으려면, 사랑으로 똘똘 뭉쳐 둘이 한 몸과 한 마음과 한 뜻을 이루어야 한다. 가정 시스템을 건강하게 운영하는 하나의 마스터가 되어야만 건강한 가정 시스템이 현실이 될 수 있다. 이것이 가정 시스템의 중요한 포인트다.

사연-주제-주제 감정으로 움직이는 자동 시스템

사람마다 사연이 있고, 그 사연은 한 가지 주제를 형성하며, 그 주제는 주제 감정으로 작동한다. 주제 감정은 그 사람을 움직이는 가장 큰 힘이다. 무슨 일이든, 어떤 사건이든, 사람은 그것을 자기의 주제 감정으로 해석하고, 주제 감정으로 판단하고, 행동한다. 일관성 있게, 반복적으로, 지속되는 주제 감정은 그 사람의 감정 시스템을 이루어 상한 주제 감정이 습관화되게 한다. 그러면 상한 감정 언어가 그 사람의 기본적인 생활 언어로 정착된다. 이것이 시스템으로 자동적으로 처리된다는 의미이다.

부부는 적어도 두 가지 다른 주제 감정으로 움직이는 공동체이다. 이 사실을 기억한다면, 그것이 지혜가 되어 생활을 풀어갈 수 있을 것이다. 왜냐하면 같은 사건이라도 항상 두 가지 서로 다른 해석과 판단이 일어난다는 사실을 간과하지 않기 때문이다. 이것을 갈등으로 해결하지 말고, 갈피를 잘 잡으면 된다. 어떤 제안을 선택할지 마음의 여유를 가져야 한다. 남편이나 아내 모두 좋은 제안을 했을 것이니, 가장 좋은 것을 선택하는 방법으로 풀어가면 되는 것이다. 만약 서로 막상막하일 경우, 차례대로 결정하도록 순서를 정해도 된다.

그러나 어떤 상황이 문제가 될 때 서로 다른 의견을 냈다고 해서 그것을 갈등으로 몰아가면, 그것은 당연히 말다툼으로 이어진다. 그러면 옳고 그름의 선악과를 따먹고, 상한 감정이 발동해서 주제 감정으로 사건을 몰아가게 되고, 그러면 서로 마음이 분열되는 결과를 가져와 에덴동산으로부터 서로를 추방시키려는 수고가 태풍처럼 몰아친다.

걷잡을 수 없는 미움과 증오, 어둠과 죽음의 영이 갈라진 두 사람 사이를 채우며, 비열한 미소를 짓는다. 시작은 별것 아니었는데, 매번 어둠에서 길을 잃는 소경들이 생산된다. 그런데 막상 길을 잃은 당사자들은 그 사실을 알지 못한다. 그저 서로 성격 차이가 심하고, 자기 마음을 알아주지 않는다고 매일 동일한 불평과 원망만 쏟아낸다. 어둠은 더욱 짙어지고, 바다의 폭풍우는 그칠 새가 없다. 상한 감정은 죄악과 동맹을 맺고, 그 사이에서 주인 노릇하기 바쁘다.

사람의 상한 감정은 악 중의 악이다. 상한 감정은 자기를 정당화하고 당연시하는 관계의 기본 판을 깔아준다. 내가 상했으니 상대를 죽여도 된다는 법이 가능한 판 말이다. 우리는 이 상감이라는 악한 씨앗에 대해 레이더를 세우고, 민감하게 반응해야 한다. 상처와 상한 감정이 당연한 값을 갖지 못하도록 마음을 풀고, 또 풀고, 다시 또 풀어야만 한다. 아니면 자기도 모르는 사이에 관계가 멀어지고 단절되는 것은 시간문제다.

부부는 한 몸이요, 한 영이다. 감정이 나뉘면 바벨탑을 쌓는다. 언어가 달라지고, 분열의 영이 '사이 장사'를 시작한다. 그러니 무엇보다 먼저 마음을 보호하고, 상한 감정이 존재를 좀먹지 못하도록 잘 단속하길 바란다. 부부가 하나 되면, 가정 시스템의 건강도가 기본 50점 이상이 된다. 여기서부터 다시 시작하면 된다.

자기 값 내기

사람은 누구나 할 것 없이 '자기 값 내기'를 간절히 원한다. 하나님을 믿든 안 믿든, 죄로 인해 자기 값이 깎인 상태인 것을 스스로 아는 것이다. 모든 사람이 자기 값 내기에 얼마나 간절한지 모른다. 자기 값이 없으면 살 의미가 없다. 살아도 삶이 시작되지 않은 것 같기 때문이다. 그래서 인생의 모든 순간을 자기 값 내기라는 헝거게임(Hunger Games)에 목숨을 거는 것이다.

세월과 함께 나이를 먹고 육신은 어른으로 성장했지만, 자기 값내는 방법을 잘 모르면, 비정상적인 연약함, 또는 강함, 갖가지 병이나 중독으로 자기 값을 내며 살아간다. 우리는 자기 값 때문에 의리도 버리고, 배신하고, 손해도 입히고, 목숨도 버린다. 자기 값을 잃은 자의 인생 과제는 자기 값을 되찾아 돈독하게 하는 것이다.

자기 값을 가졌다고 다 건강한 것은 아니다. 잘못된 자기 값 설정으로 오히려 자기 값이 떨어지는 경우도 많다. 깡패나 간음자,

도둑으로 자기 값이 정해지면, 주위 사람들과 피해자들의 네거티브(부정적인 평가)가 평생 쫓아다닌다. 당연히 불편한 삶을 살아가게 된다. 한 사람의 자기 값을 내기 위한 몸부림과 그 비명은 평생 메아리가 된다.

한 번 설정된 자기 값으로 그 사람이 어떤 사람인지 알 수 있게 되면 예측 가능한 관계 설정이 가능해진다. 예측 가능한 관계 설정이 안정성을 보장하는 것은 아니지만, 어떤 관계로 살아갈지 그 관계의 짝이 정해지기 때문에 어느 정도 관계의 안정성을 보장한다고 하겠다.

관계의 짝

예측 가능한 관계는 관계자들의 다이내믹을 예측할 수 있어 위험지수가 낮아질 뿐 관계가 건강하다는 뜻은 아니다. 예를 들어, 아내는 게으르고 남편은 무관심하다면, 아무리 그 관계가 예측 가능하다고 해도 가정 시스템을 건강하게 작동시킬 수는 없다. 여기서 말하는 안정성은 그 관계의 짝이 변함없어서 '저 사람은 이렇게 말할 거야', '분명히 이렇게 행동할 거야' 하고 예측 가능하다는 뜻에서의 안정성이다.

가정 시스템이 건강하게 잘 작동하려면, 건강한 관계 설정과 함께 건강한 관계의 짝으로 만나야 한다. 그러나 가족 구성력을 잘못 사용하면, 그 관계의 짝이 정상적인 가족 관계를 구성하지 못하기 때문에 불행이 시작된다. 진정한 건강은 개인의 건강도가 따라주어야만 가능한 것이 현실이다.

예측 가능한 관계라고 해도 사건마다 여러 가지 상한 감정이 미지수로 작동하기 때문에 상한 감정의 널뛰기를 막을 수는 없다. "난 게으르지만 넌 성실해야 하고, 난 무관심하지만 넌 내게 관심을 집중해야 해"라는 기대치가 우리에게 작동하듯이, 상대의 허락을 묻지도 않고 '내 삶의 질이 더 좋아지게 만드는 사명'을 부여할 때도 많다. 자기의 불만족감에 따라 가족에게 높은 불안 지수를 선사하기도 한다. 따라서 예측 가능한 관계 설정은 시스템상 깔려 있는 '정찰제 불안'의 수준으로 그나마 안정을 줄 수 있지만, 어떤 상황과 조건이 그 정찰제 불안의 수준을 뒤흔들면 그 안정은 한순간에도 헐값으로 떨어져버린다.

성실한 무수리

나는 성실한 사람이다. 매 순간 열심히 살려고 노력한다. 일하는 동안에는 배고프지도 않고, 없던 힘도 솟아나고, 잠도 잘 안 온다. 내가 해야 하는 일이라면 귀찮고 하찮은 일이라도 마다하지 않는다. 뭔가 한번 시작하면 끝날 때까지 쉬지 않는다. 쉬는 날에도 뭘 해야 할지 몰라 일단 뭔가를 한다. 이렇게 된 것은 내가 환영받지 못한 둘째 딸로 태어나, 자기 값이 없는 인생을 살다가 파라과이로 이민을 간 후부터 일을 통해 부모에게 인정받는 방법을 찾았기 때문이다.

만 15살에 옷이 가득 든 가방을 메고 이 동네 저 동네를 다니며 옷 장사를 하게 된 것이 그 계기다. 나는 환경과 조건에 상관없이 부모에게 무조건 순종하고 그들을 위해 성실히 몸 바쳐 일하는 딸로 자리매김했다. 이민을 왔지만 가져온 돈이 얼마 안 돼 부모님이 경제적인 문제로 걱정하고 힘들어하는 틈을 공략한 것이다. 일 잘해서 돈 잘 벌어주는 딸! 이것이 나의 '자기 값'이 되었다.

나는 이렇게 나의 값을 내는 것을 배워서 '성실한 무수리'가 되었고, 그것으로 자기 값을 내기 위해 값질하며 사는 사람이 되었다. 시작은 부모님 때문이라고 해도 이제 그 값이 내게 너무 중요해서 매 순간 그 값으로 생활에서 일어나는 사건들을 예측하고, 결정하며 살아갔다.

내가 싫어하는 사람들은 대부분 일을 제대로 못 하는 사람들이다. 게으른 건 딱 질색이고, 그 꼴을 보지 못한다. 일 잘하는 사람들의 값질은 그래도 이해하고 용납한다. '제값 내느라 저러는구나' 하고 넘어간다. 그러나 일도 제대로 못하면서 자기 값을 챙기는 허접한 값질은 나의 주제 감정인 '억울함'을 건드려, 나는 그 사람들의 가장 낮은 값을 드러내는 수고를 마다하지 않았다.

나는 이렇게 나의 값질로 갑질하며, 적을 만들고, 나의 생활 터전을 전쟁터로 변질시켜 적과 전쟁했다. 내가 불리하면 적과 동침도 한다. 이것이 다 내 속에서 일어나는 모국어의 춤판이다. 적들은 내가 그들을 적으로 삼은 줄도 모른다. 이 모든 것이 나의 은밀한 헝거게임이라는 것을 나중에, 아주 나중에, 성령이 임하시고 나서 깨달았다.

값질이 갑질이 되다

나의 남편은 참 좋은 사람이다. 인품도 좋고 인격도 높다. 어지간해서 화도 잘 내지 않고, 모든 것을 내게 맞추려고 수고하고 애쓴다. 그러나 누이 셋에 막내아들, 장남 장손으로 태어나 이미 황태자로 자리매김하여 탄탄대로 인생을 시작한 사람이라, 눈치 보며 힘겨운 생활 언어를 배울 기회는 주어지지 않았다. 모두가 모든 것을 해주었고, 자기가 할 일은 웃어주고, 밝게 말하고, 좋은 언어로 좋은 성품을 드러내는 것이었다.

남편은 하고 싶은 것을 다 했다. 그래도 특별히 야단치는 사람이 없고, 눈치 볼 일도 없었다. 그냥 다 좋고, 다 편안하고, 다 행복했다. 특별히 자기를 못살게 구는 일이 없다면, 그냥 다 웃으며, 뭐든지 잘 넘어간다. 정리 정돈해야 할 일도, 행주와 걸레를 구분해야 할 일도 없었다. 그런 것들이 자기와 상관없는 사람, 모든 것이 별일이 아닌 사람이다.

문제는 그런 유연자적한 사람이 성실한 무수리와 결혼한 것이다. 일이 없으면 일을 찾아서 하며 자기 값을 내는 사람과 결혼한 것이다. 그냥 태어나준 것만으로도 이미 자기 값을 다한 남편과 다르게 나는 병든 시부모를 섬기며, 자식 둘을 낳아 키우고, 밤낮으로 일하고 옷 팔러 다니며, 새벽예배부터 일주일 내내 교회 사역을 하고, 학생부를 맡아 학생들을 가르치고, 주중에 야간대학을 다니고, 밤늦게 들어와 또 이른 새벽에 일어나 기도하러 나가고, 정말 눈코 뜰 새가 아니라, 눈 감을 새 없이 자기 값을 내느라 혈안이 되어 살았다. 그런데 같은 시공간에서 살며, 같은 일을 하는데도, 내가 보는 남편은 항상 재미있어 하고, 늘 노는 것 같았다. 내 눈이 비뚤어진 것일까? 나만 고생하는 것 같은데 내 눈이 비뚤어진 것일까?

수많은 일들에 에워싸여 살았던 나는 당연히 모든 일을 내 몫으로 해결하고, 내 값으로 계산했다. 그런데 그 값질이 어느덧 세월을 힘입어 '갑질'로 둔갑했다. 금메달로 나의 공로를 치하해도 부족한데, 남편도, 아이들도, 교회도 나의 값을 알아주지 않는 듯했다. 그러자 온몸이 류마티스 관절염으로 애걸복걸했다. 상한 감정의 갑질이 시작되었는데, 누구도 '을질'을 해주지 않았다. 나는 절망했다.

악한 갑질도 있다

나는 성실한 무수리로 값질했지만, 사람마다 값질하는 방법은 다 다르다. 어떤 사람은 자기의 겉모습에 목숨을 걸고, 그것으로 갑질한다. 모든 시간과 물질과 생각과 감정을 거기에 다 투자한다. 누군가 자기의 겉모습에 대해 조금이라도 흠집을 냈다 싶으면, 순간 무너져서 일어나지 못한다. 자기 자존심을 모두 건다. 부모 탓하고, 환경을 탓하며, 상처에 짓눌려 자기 방 감옥살이를 시작한다. 있는 돈 없는 돈 다 긁어모아 명품으로 휘감고, 전신수술로 자기를 뜯어고쳐도 만족하지 않아, 인생을 마감하는 방법마저 선택한다.

타인들은 그 사람의 자기 값이 생명과도 같다는 것을 이해하지 못해, "뭐 그런 것에 목숨까지 거냐"고 한다. 그러나 그것이 자기 값인 경우에는 생명 값으로 갑질할 수밖에 없다. 그렇게 자기와 관계하는 사람들에게 너 이상 세산할 수 없는 악한 깁질, 즉 자살로 되갚아버린다. 진짜 몹쓸 짓 중에 몹쓸 짓이다. 남은 사람들은 그 상한 감정을 가진 사람의 복수에 속수무책으로 당한다. 그로 인해 해결할 수 없는 죄인이 되어 평생 주홍 글씨를 가슴에 달고 살아가야 한다.

자기 값은 경험으로 구축된 개인 모국어의 에센스다. 가장 강하지만 가장 연약하기도 하다. 그 언어를 건드리면, 이를 악물고 강해질 수도 있고, 다리가 후들거려 주저앉을 수도 있다. 자기 값을 건드리면 사람들은 비정상이 된다. 강한 에너지를 얻어 눈에 보이는 것이 없을 정도로 무자비한 사람이 될 수도 있고, 혹은 두려움에 허를 찔려 접시 물에 코를 박을 수도 있다.

자기 값은 그 값을 내는 일에 강한 필(feel)을 받아, 지칠 줄 모르고 전진하는 힘이 되기도 된다. 그러나 자기 값이 아닌 일은 뭐든지 하찮게 여겨 "무슨 호들갑을 떠냐"며 세상 느긋한 척한다. 이 자기 값으로 인해 사랑한다고 결혼했는데, 변질된 갑질이 두 사람을 오해와 상처로 뒤범벅되게 하고, 해결할 수 없는 아픔과 고통으로 이혼과 자살도 마다하지 않는다.

자기 값을 갖는 것은 건강한 자존감을 위한 필수 조건이다. 그러나 그것이 '값질'로 작동하여 '갑질'로 변질되면, 권력 시스템에 에러가 난다. 권력 시스템은 건강하고 균형 잡힌 마스터의 다스림이어야 하는데, 마스터가 자기 값을 내는 데 연연하여, 변질된 갑질로 힘을 발휘한다면, 필히 권력 시스템에 문제가 생긴다. 매번 어떤 식으로든 위험을 알리는 알람이 울리지만, 마스터의 상한 자존심을 발동하는 계기도 되기 때문에, 상대하는 사람들이 상처를 입고, 좌절하고, 회피하고, 병들고, 반항하고, 배신하고, 반역하게 된다.

비참한 병질과 악질

건강한 가족은 서로 건강하게 자기 값을 내고, 그 값을 인정해 주며, 가족을 사랑할 줄 아는 능력을 발휘하여 서로 자기 값을 얻어 평안을 누리며 살아가는 것이 당연하다. 그러나 마스터가 자기 값만 고집하며 모든 생활 언어를 자기 법으로 묶어버리면, 해방을 원하는 힘들이 요동친다. 그럴 때 마스터는 폭력을 사용해서라도 가족들이 요동하지 못하도록 진압하게 되는데, 그런 일이 반복적으로 일어나면 정상적인 방법으로는 자기 표현이 불가능하다는 것을 알고, 이제는 병으로 자기를 표현하는 '병질'이 시동을 걸기 시작한다.

사람은 누구나 자기 값을 내기 위해 값질한다. 정상적인 값질로 자기 값이 이루어지면 갑질하지 않아도 되는데, 그렇지 않을 경우 '값질'은 '갑질'로 변질되고, 그것도 안 되면 '병질'하고, 병질로도 자기 값을 못 내면 '악질'이 된다. 사람이 악질이 되면 매사 악하고 독하다. 인정사정이 없고, 분초로 생존에 모든 것을 건다. 너의 사정은 알 바 아니고, 남의 사정은 더욱 그렇다. 자기 증명, 자기 강화, 자기 보호, 자기 유익, 이 4대 자기 세우기 프로젝트만 왕성하게 돌아간다.

기쁨도 없고 소망도 없다. 오직 너 죽고 나 사는 것뿐이다. 인권 같은 것은 사치스러운 언어다. 필요한 것을 자기 것으로 취하기 위해 거짓말도, 사기도 마다하지 않는다. 목표를 이룰 수만 있다면 다 용서가 된다. 악질이 한 명이라도 있으면 가정은 그냥 망한다.

악질은 어느 집에서도 절대 키우지 않아야 하는 종류다. 하루 아침에 만들어지지도 않지만, 일단 생산되면 막을 수 없다. 상하고, 꼬이고, 뒤틀리고, 악하다. 악을 악하다고 느끼지 못하고, 악을 활용하는 악질은 '사회악'이 되어 나라까지 망친다.

악에 대한 무감각증을 가진 악질들이 많아지면, 건강한 가정은 꿈같은 현실이 되고 만다. 악이 팽창하여 어린 자녀들도 악을 저지르는 데 용감해진다. 걷잡을 수 없는 악의 쓰나미가 덮치면 권력 시스템도 자기를 위해 악질적으로 사용한다. 모두 패망의 길에서 살고 있는 것이다.

# Q & A Session

1 감정과 감성의 차이를 말해보세요.

2 "감성과 감정, 둘 다 힘이요, 에너지요, 능력이다"라는 말을 설명해보세요.

3 "상한 감정이 가치를 이긴다"는 말을 설명해보세요.

4 부부가 한 몸이고, 마음이 하나가 되어야 하는데, 왜 부부 사이가 자꾸 갈라질까요?

5 어떻게 하면 상감으로 분열된 마음을 돌이킬 수 있을까요?

6 하나님의 감성을 몇 가지 나열하고, 하나님의 감성이 우리에게 어떤 능력이 되는지 설명해보세요.

7 당신은 어떻게 자기 값을 얻나요?

8 당신은 어떨 때 갑질을 하나요?

9 혹시 당신의 가정에 병질하는 사람이 있나요? 악질도 일어나고 있나요?

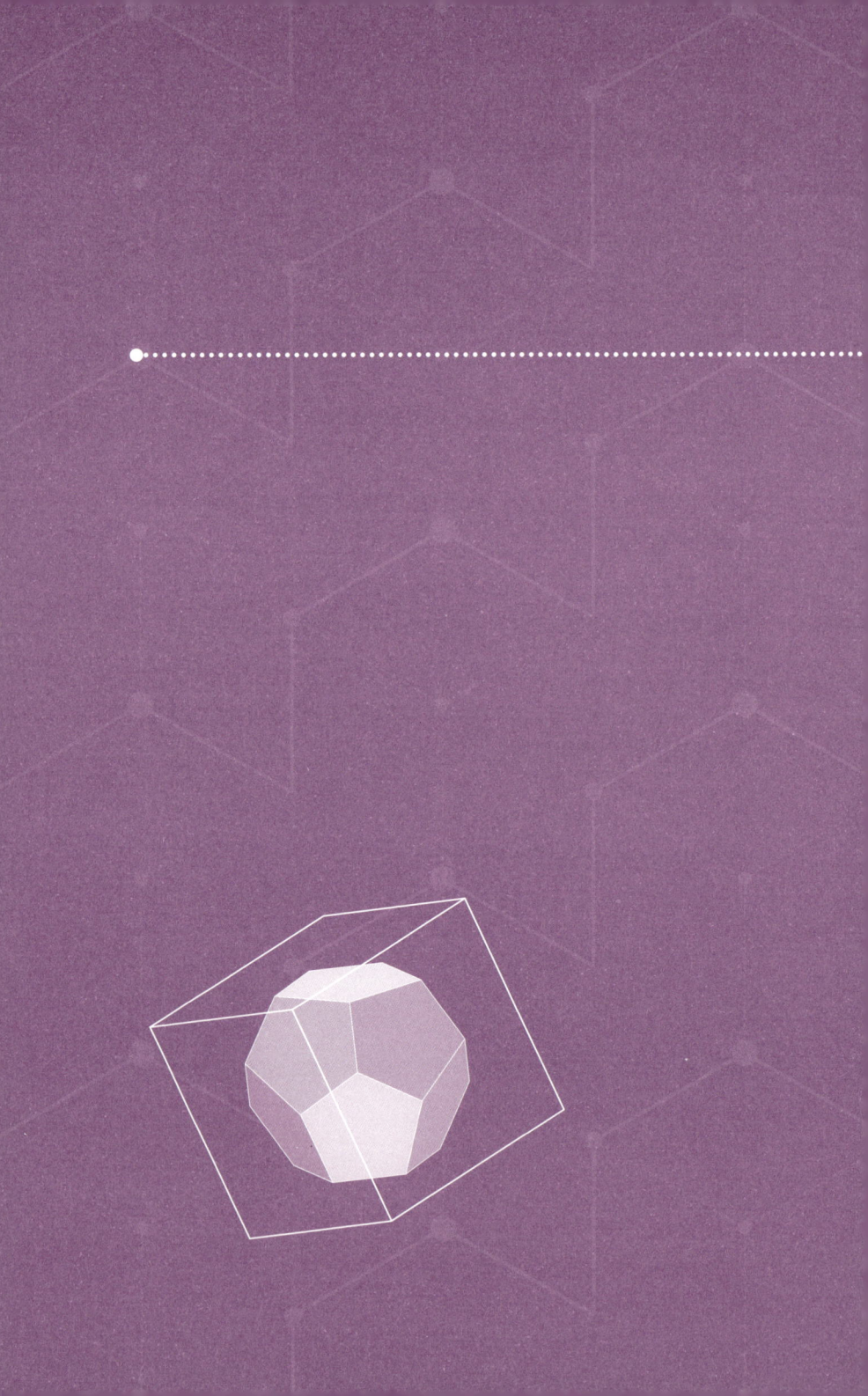

관계 시스템

07

관계 설정과 관계의 법이 시스템을 만든다

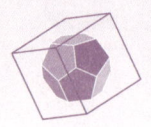

결혼은 상한 감정의 만남이다. 그 상한 감정이 관계를 설정하고 관계의 짝을 매혹한다. 남편과 사이가 좋지 않은 아내는 아들과 짝한다. 이는 자기를 행복한 아내가 되지 못하게 하고, 자기 값을 온전하게 만들어주지 못한 남편에게 치사하고 치열하게 갚아주는 복수다. 알다시피 모든 복수전은 자기 값이 떨어지는 행위다.

관계 설정과 관계의 법

평범한 남자 공 씨와 결혼한 손 씨는 성공 욕심이 많았다. 그래서 큰아들을 자기의 값질 풀이 대상으로 삼았다. 그렇게 손 씨는 남편 없이는 살아도 아들 없이는 못 사는 사람이 되었다. 당연히 공 씨 부부는 관계에 큰 어려움을 겪고 있다.

아들 공 씨는 엄마를 사랑한다. 매사 예민하고 몸도 약하시면서 자신을 위해 최선을 다해 애쓰시는 엄마를 조금이라도 편하게 해드리고 싶은 것이 공 씨의 목표다. 그러나 이상하게 아내 이 씨는 매사 "잘못됐다", "틀렸다"며 지적질을 쉬지 않는다. 매번 마음이 상하고 괴롭고 힘이 든다. 엄마는 한술 더 떠서, 아내를 못마땅해하며 대놓고 한숨을 쉬며 속상해한다. 때로는 몸져눕기도 한다. 정말 둘 사이에 끼어 앞이 막막하고 일이 손에 잡히지 않는다.

아내는 "엄마로부터 탯줄을 끊어야 한다"고 말하는데, 엄마를 저버리는 것은 배은망덕한 일이다. 성경에도 부모를 공경하라고 했으니 그런 일은 절대 해서는 안 된다고 믿는다. 결국 공 씨는 아내와의 이혼을 생각해보았다. 그런데 이혼한다고 해도 다른 여자가 아내보다 더 좋은 엄마가 될 수 있다는 보장도 없다. 엄마는 손주를 키워줄 테니 걱정 말라고 하시는데, 그것이 최선책은 아닌 것 같다. 아내가 자신과 엄마를 조금만 이해해주면 다 해결될 일인데, 아내에게 전혀 그런 틈이 보이지 않아 오늘도 온몸에 힘이 빠지고 막막할 뿐이다.

사람마다 사연과 모국어와 상한 감정으로 인해 이미 관계가 설정되어 있다. 무서운 정의이지만, 그 관계 설정으로 말미암아 누구와 어떻게 관계를 맺고 생활해 나갈 것인지 그 미래가 결정된다. 그것이 곧 가정의 관계 시스템이다.

모든 관계는 가치를 기준으로 형성된다. '엄마와 효자'라는 관게 설정은 "부모를 공경하라"는 거룩하고 큰 가치에 기반하기 때문에, 아내의 말은 효과가 없다. 그래서 '엄마에게 효도하는 아들'이라는 관계 설정으로 말미암아 '엄마와 효자'라는 관계의 짝에, '효도는 부부의 행복보다 더 중요한 것'이라는 관계의 법이 선포되는 것이다.

일단 그렇게 관계 시스템이 정해지면 그 관계에서는 남편과 아내가 우선순위가 아니다. 마스터인 엄마를 중심으로 효자와 효부만 필요한 관계 시스템이 작동하기 때문이다. 사랑하는 남편의 아내가 되고 싶어 결혼했는데, 남편은 없고 효자만 있다. 그러니 아내도 해보지 못한 사람에게 며느리를 하라면 하겠는가? 문제는 이렇게 발생하는 것이다.

시간이 지날수록 상한 감정이 차곡차곡 쌓이게 된다. 그러면 그때부터 자기 값을 얻지 못한 자의 값질이 시작되고, 갑질과 병질은 물론 악질이 세월에 따라 가정을 방문하게 된다. 당연히 부부 사이에는 잔소리, 다툼, 지적질, 비아냥거림, 비판, 욕과 폭력 등이 무성해진다. 결혼했지만 엄마가 자기 값이고, 엄마로 값질하고, 엄마 때문에 갑질해야 하고, 병질과 악질로 이어지는 자연적인 코스를 밟게 되니, 이보다 더 기막힌 관계 시스템이 어디 또 있겠는가.

형과 여동생을 공부시키기 위해 희생양이 되었던 둘째 아들 성씨는 결혼을 통해 원하는 것이 하나 있었다. 바로 아내로부터 인정받는 것, 오직 그것 하나였다. 그러나 딸 많은 집안의 둘째로 태어나 집안 대소사를 책임진 아내 하 씨는 남편보다 인정에 더 간절했다. 하 씨는 장애가 있던 언니 대신 장녀 노릇을 했기 때문에 남편보다 더 능력 있는 해결사였다. '당신보다 내가 더 인정에 목말라'라는 관계 설정과 '당신이 먼저 날 인정해야 해'라는 관계의 법을 선포했다. 결국 두 사람은 인정에 목마른 사슴이 물을 찾지 못하는 관계 시스템 속에서 살게 되었다. 그렇게 서로에 대한 피해와 원망만 늘어가고, 서로 적수가 되어 가정은 자연스럽게 전쟁터로 변하게 되었다.

이 경우 결혼 전에 관계 설정으로 인한 관계의 법을 조금만 살펴보고, 필요한 어력을 준비했다면, 불행을 당연한 손님으로 맞이하지 않았을 것이다. 부부가 서로 인정해주며, 건강한 가정을 만들어서 함께 생명수 샘물을 마실 수 있었는데, 그 기회를 놓쳤다. 모든 사건마다 오해와 상처가 쌓이는 오염된 관계 시스템이 작동하니, 변질된 갑질과 병질과 악질이 강화되는 것이다.

관계의 법을 재조정하라
연애를 오래한 유 씨가 아내 진 씨와 결혼했는데, 아내는 금요일 밤부터 놀자 모드로 바뀌어 밤새 친구들이나 사람들을 가리지 않고 만나 술 마시고 춤추며 놀다가 집에 들어오지 않기 일쑤였다. 남편이 화가 나서 소리치면 "연애할 때도 그랬는데 뭐가 문제냐"고 하면서 더 화를 내고 집을 나가버린다.

월요일부터 금요일 밤 전까지 일하는 날, 금요일 밤부터 일요일은 노는 날로 정해진 진 씨와 결혼했으니 "그러면 안 된다"고 나무라는 것은 불공평하다. "내가 일을 안 했어? 밥을 안 했어?" 아내 진 씨는 자기가 할 바를 다했는데, 왜 금요일 밤부터 일요일 밤까지 놀면 안 되는지 화를 낸다.

유 씨는 연애할 때 잘 놀던 아내도 결혼하면 바뀔 거라고 생각했다. 그러나 너무 당연하게 주말을 즐기던 진 씨는 오히려 같이 놀아온 남편이 결혼 후에 그렇게 돌변할 줄 상상하지 못한 일이었다. 오히려 연애할 때처럼 같이 놀아주지 않는 남편이 자기를 속였다는 생각마저 든다. 그러나 유 씨는 기본적인 법이 통하지 않는 아내를 전혀 종잡을 수 없었다.

유 씨의 관계의 법은 "연애할 때는 진하게 놀아도 되지만 결혼하면 안 된다"였는지 몰라도 진 씨가 그것을 어떻게 알았겠는가? 결혼 전에 이 문제에 대해 대화를 했어야 한다. 먼저 아내를 이해하고, 좀 더 건강하고 재미있는 놀잇거리를 소개하고 다양한 새로운 경험을 통해 건강한 관계의 법을 구축해 나가는 데 힘과 능력과 권력을 사용하면 건강한 남편과 아내로 정착할 수 있지 않았을까. '주중에 열심히 일하고, 주말을 즐기는 부부'라는 관계의 법도 나쁘지 않다. 서로 속았다, 손해봤다는 감정이 난무하지 않도록 이혼을 앞세우지 말고, 관계의 법을 재조정해봐야 한다.

정반대 관계의 법과 일방적인 관계의 법

남편 오 씨는 크게 내세울 것 없는 집안의 장남인데도 자기가 마치 지체 높은 양반인 줄 안다. 하늘 높은 줄 모르는 자기 값을 매겨놓고, 없는 값을 지키려고 애쓰는 사람이다. 아내가 아무리 많은 일에 시달려도 도와주지 않는다. 남자가 할 일과 여자가 할 일이 정해져 있다고 믿기 때문이다. 자기 체면이 너무 중요하기 때문이다.

현실성 없이 높은 자기 값을 매기는 남편에 비해, 아내 마 씨는 현실성 그 자체다. 될 일과 안 될 일의 기준이 정확하다. 손해 볼 일은 절대 하지 않는다. 그런데 스스로 자신의 값을 높게 매기는 오 씨가 좋아 결혼한 뒤로 매일 가슴앓이를 한다. 현실성 높은 아내와 비현실적인 남편, 서로 정반대의 관계의 법을 외치며 살아가니 날이 갈수록 부부관계는 궁지에 몰린다.

관계의 법은 보이지 않는 힘이다. 도구도 되지만 관계를 망가트리는 무기도 된다. 부부가 가장 중요한 관계임을 알고, 그 우선권을 쥐고 서로를 지혜로 다스리지 않으면, 유연성을 잃고 그 자체가 해와 악이 된다.

아내 허 씨는 아이들을 싫어한다. 그래서 자녀를 낳지 않는 것이 그녀의 결혼 조건이었다. 그런데 결심과는 다르게 임신이 되어서 어쩔 수 없이 아들을 낳게 되었다. 그 후에도 원치 않는 임신으로 자녀를 더 낳게 되었다. 아내에게 남편 변 씨는 절대 하지 않아야 할 실수를 반복하는 사람, 자기 인생을 망친 놈이 되었다. 아내의 이 일방적인 관계 설정과 일방적인 관계의 법에 따라 남편은 아무리 잘하고 애를 써도 아내 허 씨는 그를 받아들일 마음이 없다. 남편이 싫고 미우니 아이들에게 소리 지르고 아이들을 잘 돌보지도 않는다.

그런데도 남편 변 씨는 아내에게 매번 "미안하다", "내가 할게. 걱정하지 마", "너무 고마워, 수고했어"를 반복할 뿐이다. 아내가 아이들을 부담스러워할 때마다 아내에게 머리 숙이고 사는 것 외에 달리 방법이 없다. 아이들의 잘못이 아닌데 매번 아이들이 잘못인 것처럼 관계를 몰아가니까 너무 힘들다. 언제까지 이렇게 기죽은 듯 살아야 하는지 모르겠고, 하나님이 주신 귀한 자녀들이 죄인처럼 사는 것을 더 이상 보고만 있을 수가 없다. 그렇다고 딱히 해결할 수 있는 방법이 떠오르지 않는다. 이렇게 살다가는 자신과 아내는 물론 아이들도 병들어서 결국 가정이 망가지고 말 것이다.

그럴 때 변 씨는 결단을 내리고, 이 씨의 일방적인 관계의 법을 변경할 수 있을 만한 심각한 대화를 해야만 한다. 지금의 상황과 현실을 받아들이고 아내와 엄마로 살기를 결정하든가, 아니면 아이들이 없는 삶을 선택하든가, 어떤 조건이든지 내걸고 이 상황을 해결해야만 한다. 이혼은 절대 안 되지만, 때로는 어쩔 수 없이 가장 수준 낮은 해결책이 되기도 하고, 최고의 악을 찍어내는 해결책이 될 수도 있기에 정말 심사숙고해야 한다.

관계 설정과 관계의 법은 관계 시스템을 가동한다. 일방적인 관계의 법은 그 자체가 불공평하고 해악이기 때문에 절대 저절로 작동되도록 내버려두면 안 된다. 관계의 법은 부부 두 사람이 의논하고, 동의한 결과여야 하고, 자녀들과의 관계에서도 그 법을 선포할 때, 어떤 선악과를 심는 것인지 생활 속에서 그 열매를 잘 살펴보아야 한다. 그 열매를 잘못 따먹으면 자녀들도 망가진다.

관계마다 관계의 값이 있다

사람마다 자기 값이 있듯이, 관계마다 관계의 값이 있다. 하나님과 예수와 성령의 관계의 값은 모두 하나님 값이다. 삼위일체가 그 관계의 값을 알려주는 말이다. 하나님은 우리를 아버지와 아들 값으로, 예수님은 우리를 구주와 교회 값으로, 성령님은 우리를 신랑과 신부 값으로 그 값을 정해주셨다. 어떤 다른 값도 이 값을 초월할 수는 없다.

문제는 사람이 사람에게 주는 관계의 값이다. 부부라도 관계의 값이 천차만별일 수 있다. 돈 잘 벌고, 말솜씨 좋고, 학식도 높고, 예의 바른 남편이지만 조건 때문에 결혼했고, 아내를 사랑하지 않으면 그 관계의 값은 마이너스일 수도 있다. 비록 돈도 잘 못 버는 남편이라도 아내를 극진히 사랑하고, 아내도 남편을 만나 자기 값이 올라갔다면, 그 관계의 값은 하늘을 찌른다.

부모와 자녀의 값도 상황과 조건에 따라 그 값이 달라진다. 형제가 많으면 첫째 외에 부모와의 관계에서 그다지 값이 없을 수 있다. 그러나 외동일 경우 그 관계의 값은 세상 무엇과 비교할 수 없다. 잘나가는 형에게 줄을 서면 값이 올라가고, 엉거주춤한 둘째 형에게 줄을 서면 같이 엉거주춤한 값으로 넘어간다. 가정에서만이 아니라 어느 사회의 어떤 관계이든지, 그 관계마다 값이 정해져 있다는 것은 매우 중요한 생존 정보다.

08

관계를 초월하는 하나님의 개입하심을 경험하라

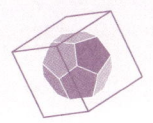

관계 설정, 관계의 싹, 관계의 법, 관세의 값과 같은 단어들은 생활 속에 깊이 연관되어 있는 가족 정치 언어들이다. 이 언어들은 가족의 무한한 가능성을 펼치지 못하도록 정치적 유익으로 해석하고, 방해하며, 현실을 왜곡시키고, 서로를 해쳐 상하게 하고, 마음을 아프게 하여 병들게 하는 아주 몹쓸 언어들이다. 우리가 왜 그렇게 힘들게 살고 있는지, 그 이유가 여기에 연결되어 있다고 해도 과언이 아니다. 정말 자기 가정의 관계 시스템을 돌아볼 수 있는 여유와 해결을 위해 하늘의 지혜를 구해야만 한다.

아담 가족의 가족 정치 언어들

아담의 아들, 가인과 아벨의 관계 시스템을 살펴보라. 큰아들은 농사짓는 자, 둘째 아들은 양 치는 자였다. 그렇게 태어난 것이 아니라 그렇게 된 것이다. 다 해봤자 네 명밖에 안 되는 가족인데, 큰아들이 농사꾼이 되었으면 온 가족이 함께 농사짓는 것이 당연한 이치다. 그런데 아벨은 양 치는 자로 가족을 떠나 살게 되었다. 에덴동산에서도 쫓겨난 상태인데, 낯선 타지에서 양을 치라고 막내를 멀리 떠나보낸다는 것은 보통 강심장이 아니면 할 수 없는 일이다. 아벨이 왜 양 치는 일을 하게 되었는지 그 이유가 무엇인지 원인을 찾기는 힘들다.

아담 가족의 관계 시스템은 에덴에서 쫓겨남으로써 시작된 죄의 결과다. 아내 때문에 죄를 짓고, 에덴동산에서 쫓겨났다는 것이 아담의 관계 설정이고, 하나님으로부터 직접 말씀을 들은 남편 아담이 죄를 짓지 않도록 자기를 보호해주지 못했다는 것이 하와의 관계 설정이었을 것이다. 그러니 아담과 하와, 아버지와 어머니로 나뉠 수밖에 없었고, 좌절한 아담은 혼자 남았고, 남편의 도움 없이 자식을 낳아 기른 아내는 두 아들을 포섭한 상태였다.

가족 정치는 거기서 끝나지 않았다. 생존 정신과 생존 근육이 강했던 가인은 일인 왕 제도를 세워 동생을 집으로부터 멀리 쫓아내 눈에 보이지 않게 하였다. 아비는 방구석에 처박고, 동생은 저 멀리 양치기로 떠나보내고, 자기는 엄마의 사랑을 독차지하는, 없어서는 안 되는 값진 아들로 자리매김을 한 것이다. 결국 가인이 가장 값진 관계의 값을 가졌고 아담이나 아벨은 값없는 관계자들로 설정된 것이다.

아내 하와의 입장에서 보면, 가인은 철저히 엄마의 아들이었다. 아내 때문에 죄를 지어 에덴동산에서 쫓겨났다고 자기를 밀어내는 남편 아담의 힘을 빼기 위해서라도 둘째 아벨이 그의 힘이 되지 못하도록 멀리멀리 보냈어야 하는 것이 버려진 아내가 펼치는 정치 보복이 아니었을까 한다. 그렇지 않아도 하와는 에덴동산에서 살림을 잘해 보탬이 되고 싶었는데, 이제 남편이 방구석에 처박힌 자가 되었으니 살림을 도맡아 지혜롭게 할 만큼 탐스럽기도 한 선악과를 따 먹은 결과를 펼쳐 나가보고 싶었을 것이다. 그래서 큰아들을 농사짓는 자로, 둘째를 양 치는 자로 세워놓은 것이다. 남편이 없어도 조금도 부족함 없이 살림을 잘해 나가고 있다는 것을 증거로 보여주고 싶었던 것이다.

관계의 지혜를 구하라

관계 설정이 끝나면 관계의 짝을 정하고, 관계의 법을 선포하고, 관계의 값을 정한다. 이로써 분열은 물론 상대를 무너뜨리려는 악이 마음껏 기지개를 켜고 일어나는 것이다. 관계 시스템은 그렇게 가동된다.

모든 관계 설정은 마스터의 모국어적 어력 때문이다. 언어의 능력이 상한 감정으로 말미암아 특별한 상황과 조건에 얽매여 있으면, 거기로부터 모든 부족함이 정상인 것처럼 기하급수적으로 파생한다. 관계 시스템은 그로 말미암은 자연적인 결과가 나타나는 것뿐이다.

우리가 할 것은 지혜를 구하는 것이다. 주의 성령의 간섭하심을 간절히 구하라. 주 예수를 믿는 믿음으로 새로운 경험을 할 수 있도록 도우심을 구하라. 용기를 내어 새로운 탐험의 길로 들어서기를 주저하지 말자. 하나님의 놀라우신 감성 세계로 들어가 능력 충만한 새 언어, 성품적이며 관계적인 새 언어의 지원을 받자. 주의 아름다운 관계의 언어를 내 것으로 취하는 자마다 이미 정찰제로 정해져 있는 관계 시스템을 초월하는 관계의 힘을 깨닫게 될 것이다. 갑자기 제물을 바치라고 두 아들을 부르시는 하나님의 개입하심을 경험하게 될 것이다. 모든 것을 바꿀 수 있는 기회가 주어질 것이다.

관계의 법을 바꾸신 하나님

한 가지 짚고 넘어가야 할 중요한 교훈이 있다. 하나님은 죄인과 함께 거하시지 못한다. 그런데 그 관계의 법을 깨고, 아담의 두 아들을 하나님 앞으로 불러 제물을 바치게 하신다. 이는 죄인이고 죄인의 자식임에도 불구하고 관계하시겠다는 사인(sign)이었다. 하나님이 관계의 법을 바꾸셨다는 데 관심을 집중하기 바란다.

그런데 가인은 거기서도 자기가 아벨보다 우월함을 증명해야 하는 정해진 관계의 값을 작동했다. 그러니까 그 못난 아벨과 아벨의 것은 받으시고, 잘난 자기와 값진 자기의 제물은 받지 않으신 하나님을 용납할 수 없었던 것이다.

그런 상황이기 때문에 분열의 영, 즉 관계 시스템을 건드리는 악한 영이 가인을 부추겨 동생을 쳐죽이게 한 것이다. 지속적으로 자기 값을 떨어뜨리는 동생을 쳐죽이는 것이 마땅하다고 느끼게 했기 때문이다. 하찮은 자로 지정된 아벨을 죽이는 일에 양심의 가책 같은 것은 작동하지 않았다. 자기의 우월함을 인정해주지 않는 하나님까지 자기 인생에서 지워버리는 것이 합당하다고 판단했다. 하나님은 그에게 "땅에서 유리하는 자가 되라"고 했지만, 그는 하나님이 선포한 관계의 법을 무시했고, 자기의 우월함을 드러내기 위해 끊임없이 가족 도시를 만들고 그 왕국의 왕이 되었다.

"이 땅에서 유리하는 자가 되어, 그 누구와도 관계의 값을 징하지 말라"는 하나님의 말씀을 어겼다. 그는 곧 관계의 짝을 만나 아들을 낳았고, 그의 이름으로 성을 쌓고 거기 정착했다. 그 가인의 라인이 하나님을 지우며 살아가는 세상의 네피림과 왕들과 마스터들의 역사다.

결국 방법은 딱 한 가지, 거룩한 가족 어력을 키우는 것이다. 말할 수 없는 은혜로 구원받고 예수의 이름을 가졌는데도, 우리는 모국어에 갇혀 관계의 법을 정하고 그로 인해 병든 관계를 스스로 해결할 수 없다. 하나님의 감성이신 그의 성품과 그의 관계력을 우리 것으로 경험해야만 새로워질 수 있다. 우리의 건강함과 복됨은 그분으로부터 생성되는 것이다. 이를 위해 끊임없이 기도하며, 지속적으로 연습해 나가기를 축복한다.

Q & A Session

1 당신의 상한 감정으로 인해 결혼 전부터 부부지간에 어떤 관계 설정이 이루어져 있었다고 생각하나요?

2 그 관계 설정은 당신을 어떤 관계의 짝과 만나게 했습니까?

3 그 관계의 짝이 당신 부부를 어떤 관계의 다이내믹을 생산하도록 이끌어갑니까?

4 그래서 당신 부부는 어떤 관계의 법으로 작동합니까? 누가 어떤 법을 선포하고 있나요?

5 당신 부부가 정한 관계의 값을 설명해보세요.

6 당신 부부의 관계가 발전하지 못하는 이유를 말해보세요.

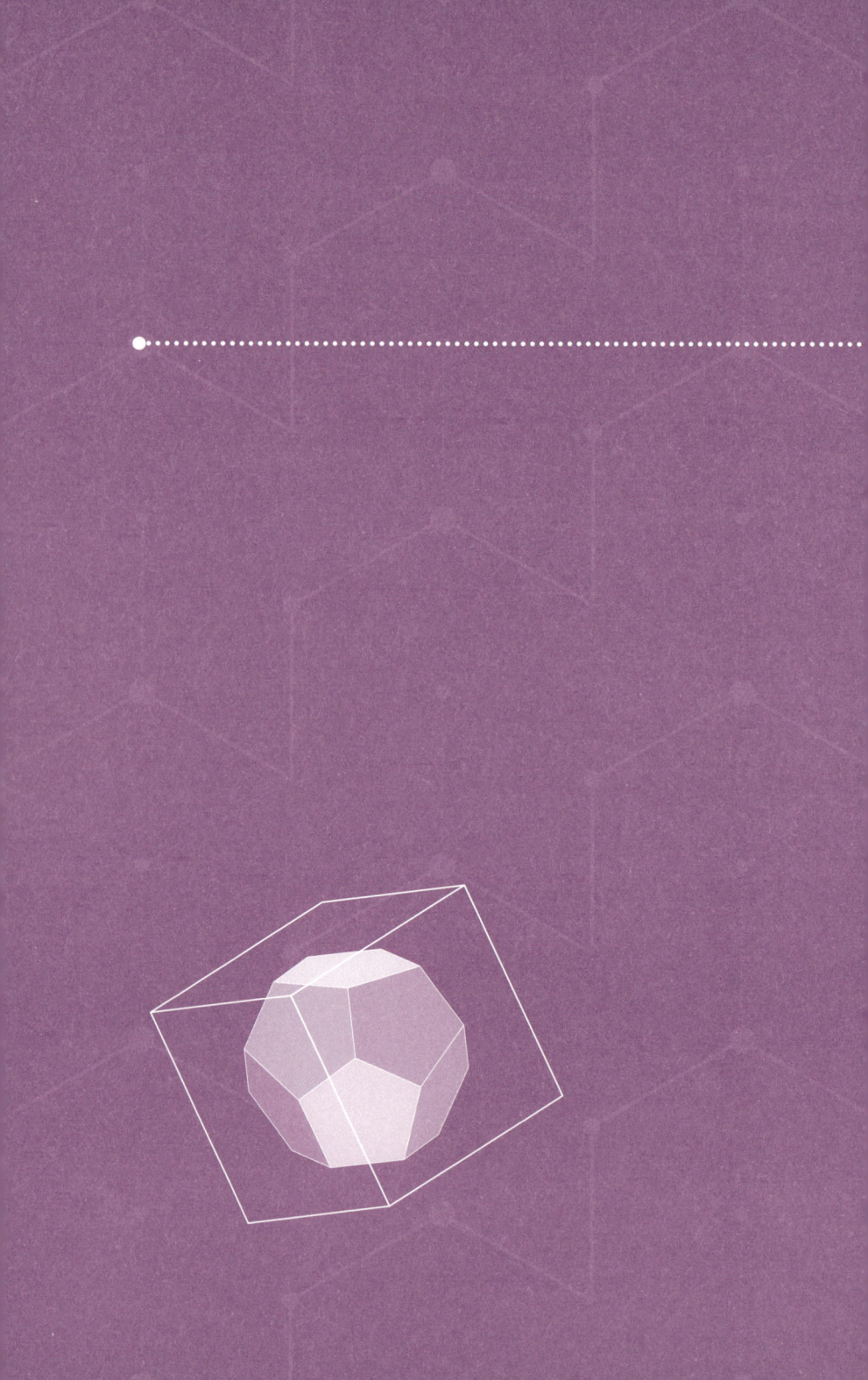

권력 시스템

09
마스터의 권력은 가정을 위한 것이다

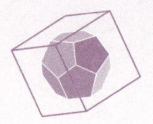

　건강한 가정 시스템은 부부가 한 몸을 이룬 'one body system'으로 작동한다. 하나의 스토리(one master's story)가 있고, 가족들이 인정하는 한 권위(one authority)가 있다. 가족이 동의한 공정한 법과 규칙(law and rules)이 있고, 일관성 있는 돌봄(care system)과 편안한 인풋-아웃풋(input-output)이 있으며, 가족의 성장 주기에 따른 빠른 적응력과 융통성도 있어야 한다.

　가족은 함께 사는 공동체다. 힘과 능력과 권력이 도구가 되고, 건강한 권력 시스템이 가족을 평안 가운데 성장하게 한다. 권력은 '샬롬'(평화)를 위한 것이기 때문이다.

　그러나 상한 감정자들은 결국 헤게모니 싸움으로 골인한다. 누가 권력을 잡느냐가 가장 중요한 이슈다. 남편과 아내 사이에도 권력 투쟁이 빈번하다. '관계의 값'이 이 투쟁을 지속하게 한다. 세월이 두 상감자를 용병으로 훈련시킨다. 서로 미워하고, 증오하고, 피를 말리고, 죽어가고, 서로 죽인다. 어떻게든 권력을 장악하려고, 막장 싸움판을 펼치는 막무가내들이 된다.

왕 같은 제사장

마스터는 왕이 아니다. 우선 시스템을 작동시키기 위해 '왕 같은 자'로 세워진 것이다. 그 뒷면은 완벽한 서비스맨이다. 성경이 말하는 왕 같은 제사장이 바로 그 뜻이다.

왕은 백성들 앞에 드러난 리더요, 백성을 이끄는 지도력을 발휘해야 하는 관계의 값을 가지고 있다. 그러나 솔직히 말하면 제사장은 백성들 앞에 드러난 서비스맨일 뿐이다. 하나님이 그렇게 값을 정하셨다. 죽음을 무릅쓰고 하나님을 섬기며, 하나님의 백성이 올바르게 살 수 있도록 인도하고 섬기는 직분 말이다. 가장 빛나는 존재 값이요, 직분이지만, 가장 겸손해야 하는 섬김으로서 관계의 값이기 때문에 두려운 마음으로 그 직분을 감당해야 한다. 안 그러면 죽는다.

그래서 마스터의 스피릿(정신)은 왕 같은 제사장이라는 말이 딱 맞는다. 절대 일인자로 군림하는 왕이 아니다. 가족을 하인으로 만들고, 노예로 삼는 왕은 더더욱 아니다. 그런 왕은 가정 시스템에서 필요하지 않다.

건강한 가정 시스템의 마스터는 가족을 하인이나 노예로 부리는 왕이나 주인이 아니다. 그에게는 상한 감정이나 정욕, 욕심이나 탐심의 그림자도 없어야 한다. 그 귀한 직분은 가정에서 하나님의 아버지 되심과 죄인을 대신해 십자가에서 돌아가신 예수를 대신하는 것이다. 그래서 마스터는 집안의 왕 같은 존재요, 가족을 섬기는 제사장의 역할이다.

사랑하는 가족이 최고자의 최고의 섬김을 가장 편안하게 맛볼 수 있도록 배려한 선한 시스템이 바로 가정 시스템이다. 그러므로 마스터는 항상 배우고 연습하는 생활 자세를 기본적으로 갖춰야 한다.

가정에서부터 건강한 정치를 경험하라

가족이 마스터를 섬기도록 설정된 가정 시스템은 최악이다. 독재자 시스템이 따로 없다. 남이 하는 독재는 손가락질받아 마땅하지만, 자기가 하는 독재는 당연히 누려야 하는 특권처럼 생각한다. 가정에서부터 진정한 자유민주주의를 경험해야 하는데, 몸에 익숙하지 않은 것을 하려니 본성이 튄다. 가족 위에 왕으로 군림하고 싶은 사탄적 욕심을 버려야 가정 시스템이 건강한데, 탐심의 발동을 막을 길이 없다. 그래서 가정 시스템 안에서 마스터 숭배를 강요하는 것이다. 전지전능하지도 않으면서 하나님 정도의 관계의 값을 요구하다니 정말 어이없는 일이다.

건강한 마스터는 관계의 책임을 다하되, 홀로 권력의 창고가 되지 않으려고 부단히 노력해야 한다. 권력을 유통할 줄 아는 마스터가 진짜 현명한 마스터다. 마스터는 힘과 권력의 균형이야말로 시스템을 건강하게 한다는 사실을 명확히 아는 사람이다. 가정에서부터 건강한 가족 정치를 할 줄 알아야, 우리나라 대한민국이 잘 살 수 있는 기초가 다져지기 때문이다.

부모가 가족을 가장 사랑하는 장본인인데, 그들의 가족 정치가 누구 한 사람의 독재 정치로 치닫는다면, 그것만큼 슬프고 악한 현실은 없다. 그럴 경우 대한민국의 정치 모국어가 자기도 독재자가 되고 싶은 열망으로 가득 찰 것이기 때문이다. 가정에서 독재를 경험하는데, 정치 권력을 잡으면 독재를 하는 것이 당연하지 않은가. 이렇듯 가족 정치가 선순환적이지 않으면 그 나라의 미래는 어둠 그 자체다. 정말 암울하다.

가족의 성장터를 건축하는 마스터

건강한 가정 시스템에서는 누가 마스터가 되느냐는 그리 중요하지 않다. 상황에 따라 옳은 말을 한 막내가 마스터가 될 수도 있다. 물론 그 리더십은 그리 오래가지 않는다. 하지만 막내의 짧은 리더십까지 인정하는 것이 마스터의 재량이요, 탁월한 기능이기도 하다.

평화로울 때, 남편이 바빠서 가정의 대소사에 신경 쓸 수 없을 때, 아내가 그 가정 시스템의 마스터가 되어 전반적인 가정 사안들을 결정하고 해결해 나가면 무엇이 문제가 되겠는가. 아내에게 또는 큰딸에게 때로는 막내에게도 필요한 권한을 주는 것은 마스터의 순기능이다. 그러나 문제가 생기고, 어려움이 커질 때는 가장 강한 사람이 마스터가 되어 진두지휘를 해야 한다. 그러면 또한 무엇이 문제겠는가.

진짜 좋은 마스터는 집안의 작은 마스터들을 적절하게 잘 활용하는 리더십도 발휘해야 한다. 남편이나 아내 둘 중 하나가 그 의무와 책임을 다하지 않는 경우, 한 사람이 일방적인 마스터가 되어 결정권을 행사하며 가정을 이끌어 나갈 수도 있다. 그렇다고 무슨 피해가 일어나겠는가.

단, 어떤 경우라도 가정 시스템에는 건강한 마스터가 꼭 필요한데, 문제는 그 마스터가 권력을 잡는 순간, 자신만의 천국을 만들어가려고 독재 정치를 시작한다는 데 있다. 마스터는 스스로 군림하여 '자기 사연 풀이'를 하고, 자기 왕국을 건축해나가는 것이 목적이 아니다. 마스터는 가정 시스템이 선순환적이고 안정되어 가족들이 받아야 할 복을 다 받고, 서로 책임을 다하며 성장할 수 있도록 가족의 성장터가 확보되도록 그 기능을 다하는 사람이다. 아무 보상이 없어도 더할 수 없는 기쁨으로 그 리더십을 발휘하는 것이다.

가정 시스템은 가족들의 역할과 기능이 온전히 발휘되도록, 필요한 에너지를 생산하고, 힘과 소망을 심어주는 좋은 판이다. 그것을 마스터가 주동이 되어 형성해나가는 것이다. 홀로 권력의 창고가 되어, 자기만 만족하고 만끽하는 '자가 왕국의 왕'은 절대 아니다. 가정마다 가족 정치가 선순환적이어서, 적수나 원수를 생산하지 않는, 건강한 가족 성장터를 건축해나가는 마스터가 필요하다. 그 마스터는 참으로 복 받은 사람임에 틀림없고, 그 가족은 형통할 것이며, 후손 대대로 그 마스터를 기억하며 고마워할 것이다. 우리가 그런 마스터가 되기를 소망하며 기도한다.

서로 지지 않으려는 열등한 권력 싸움

소 씨 부부는 서로 상극이다. 한 가지도 맞는 것이 없다. 다 큰 두 아들도 서로 맞지 않아 매일 티격태격 싸운다. 동생은 형을 맞먹는다. 형은 동생처럼 다툰다. 큰며느리는 형한테 대드는 시동생이 못마땅해서 남편을 대신해서 싸워주고, 둘째 며느리는 자기 남편이 너무 억울하다며 큰형님께 눈을 부라린다. 부부끼리도 서로 안 맞아 싸우면서, 형제의 난이 일어나면 서로 자기 남편의 편이 되어 확연하게 두 쪽으로 분열된다.

명절 때마다, 어떤 일로 만날 때마다, 무슨 이유로든 꼭 한바탕 싸움이 일어나고, 모두가 마음이 상해 헤어지는 것이 이 집안의 절차요, 예식이다. 괜히 싸웠다고 후회도 하지만, 만나면 언제나 똑같은 일이 벌어지니 우스울 정도다.

소 씨 집안의 가치 시스템은 "이겨서 증명하라"다. 그래서 매일 시도 때도 없이 가족끼리 경쟁이 붙어 누가 이기나 헝거게임을 한다. 소 씨 부부가 서로 마스터가 되려고 헤게모니 투쟁을 벌이고 있어 일어나는 결과이기도 하다. 형제끼리 그리고 며느리들까지 가담해 싸움이 붙는다. 이유는 모르지만 누구도 질 수는 없다. 서로 마음이 나쁜 것은 아닌데, 그냥 꼭 이겨야만 할 것 같은 판이 작동한다. 알면서도 모르겠다.

소 씨 부부가 열어놓은 판은 누가 더 센지, 누가 더 똑똑한지, 항상 경쟁하여 싸우고 자기를 증명해야 하는 관계 시스템이 작동한다. 삼 대째 그 판이 이어져 내려온다. 소 씨네 가정 시스템은 모두 마스터가 되겠다고 난리법석이다. 그것도 모르고, 그저 기분이 나쁘면 왠지 싸워서 이겨야 한다는 생각만 든다. 왜 그러는지 알아보려고도 하지 않는다. 이렇게 소 씨네 가정 시스템은 "지기 싫다", "꼭 이겨야 한다", "그래야 내 값이 증명된다"는 상한 감정의 노예로 저절로 싸움을 건다. 정말 생각할 여유가 없다.

소 씨 부부는 "이겨서 증명하라"는 '가치' 때문에, "싸워서 이겨라"라는 관계의 법으로 "누가 누가 이기냐"라는 관계의 방법을 사용해 관계 시스템이 작동하고 있다. 이 가정에서 작동하는 관계 시스템을 멈춰 세우고 싶지만 문제의 실마리를 찾을 수 없어 문제가 지속될 뿐이다.

"여보, 이 달은 당신이 마스터 하세요"라고 말하며, 기꺼이 마스터의 자리를 내주는 넉넉하고 건강한 여유를 연습하면 끝날 텐데, 그렇게 하지 못하니까 끝이 보이지 않는다. 아들, 며느리, 손주까지 소 씨 부부를 통해 새롭고 건강한 판을 경험해야만 이 자존심 게임을 멈출 수 있는데, 소 씨 부부에게 그런 낌새가 보이지 않는다.

"여보, 당신 말대로 해봐요. 나도 맞고 당신도 맞으니, 무엇을 선택해도 다 좋은 결과를 가져올 거예요. 이번에는 당신 방법으로 풀어가보도록 해요." 이렇게 져주고, 같이 이기는 법을 경험해보아야 하는데, 관계 시스템에 변질된 권력 시스템이 붙어서 작동하는 상황이다보니, 화합이나 화목이 불가능한 현실이다. 그러니 우선 "누가 누가 이기나"며 경쟁이 붙어 싸움을 거는 열등한 가정 시스템의 제어 장치를 켜고, 이 시스템을 멈춰 세워야 한다.

"우리 이러지 맙시다. 매번 마음만 상하고 아무것도 얻는 것이 없는 이런 싸움은 그만두지요."

"형님이 말한 대로 해보죠. 뭐 그리 어려울 것도 없어요. 제 마음이 좀 불편한 것뿐이지, 다른 문제는 없으니까요. 제 마음을 다스릴 테니, 형님이 내신 해결책으로 이번 문제를 풀어봐요."

만약 이렇게만 할 수 있다면, 소 씨 집안은 다시 건강해질 수 있는 복 된 기회를 얻게 될 것이다. 한 가족인데 누가 이기면 어떻고 누가 지면 어떤가! 서로 지지 않으려고 아등바등하는 바보들의 열등한 권력 싸움은 단번에 멈추는 것이 좋다.

사랑의 관계 시스템 + 선순환적 권력 시스템

소 씨 부부처럼 파워 경쟁이 붙는 것은 대부분은 소 씨나 그의 아내가 지독한 열등감에 절어서 살아왔기 때문이다. 항상 순종해야 하는 자리, 항상 지는 위치에 있었기 때문에 지시나 명령을 받는 상황에 놓이는 것을 거부하는 큰 사연이 작동할 가능성이 크다.

서로 반대하지 않고, 서로 거부하지 않고, 오히려 찬성하고, 동의하고, 순종해도 못난이가 되지 않는다는 동전의 뒷면을 몰라서 빚어내는 불화요, 악이다. 선순환적인 언어가 없어서 생산되는 악이다. 서로 동의하고, 동감하고, 동행하고, 동거하며, 서로 고마워하고, 아껴주고, 귀히 여기고, 마음을 알아주고, 기뻐해주는 것은 열등한 것이 아니라, 건강한 것임을 배워야 한다. 그러면 그 건강함이 큰 힘을 생산해내어 가족이 건강을 누리게 되는 것이다. 종이 한 장 차이 같은데, 건너갈 수 없는 바다처럼 느껴지는 것은 상한 감정이 상감(왕) 노릇을 할 때 일어나는 결과이기 때문이다.

마음이 배우고, 몸이 배워, 머리가 기억하도록, 그래서 져주고, 순종하는 것이 가족을 하나 되게 하는 큰 힘을 발휘한다는 새 언어를 생성해야 한다. '가족 하는 능력'은 이 세상에서 가장 큰 능력이고, 가장 아름다운 덕이다. 가족으로 살지 않고 경쟁자로 살아가는 것은 죄 많은 이 세상의 자연 생존법일 뿐인데, 정글의 법칙을 가정 안으로 가져오게 되면 동물 세계의 약육강식, 그 치열한 권력 싸움을 잠시도 쉴 수 없게 된다.

세상은 다 그렇게 산다. 자기 주장을 마음껏 펼치는 마스터가 되는 것이 모두의 소망이고, 희망이고, 비전이다. 그런데 그렇게 살면 가족은 죽는다. 가족은 하나 되고, 사랑하고, 이해해주고, 회개하고, 용서하고, 인내하고, 자비를 베풀고, 화내기를 더디 하고, 교만하지 않고, 자기의 유익을 구하지 않는 등 이웃을 내 몸과 같이 사랑하는 관계 시스템이요, 선순환적인 권력 시스템이다. 힘과 능력과 권세를 장악하는 것이 아니라 서로 유동하는 시스템 말이다.

자기의 부족을 채우기 위해 마스터가 되어, 헛된 영광에 생활 에너지를 투자함으로써 콩가루 집안을 만들지 말라. 그것은 정말 최악의 시스템을 구축하는 것이요, 악질적인 지도자가 되는 것이다. 병적 자기애가 아닌, 가족 하는 사랑으로 작동되는 가정 시스템으로 모두의 천국을 이루어야 한다. 그것을 해내는 자가 마스터요, 그래서 주어지는 권력이다.

가족은 선한 힘과 권력으로 다스려 선순환되게 하고, 그 힘과 권력을 유통하여 나누고, 선한 힘과 권력으로 안정과 평안을 이루고, 선한 힘과 권력으로 균형과 조화를 형성하고, 선한 힘과 권력으로 헌신하고 섬기고 봉사한다. 선한 힘과 권력은 가족을 섬기

기 위한 도구이지, 무기가 아님을 기억해야 한다. 전쟁함으로 가
족을 이룰 수는 없다.

10
마스터의 건강한 권력이 건강한 가정을 만든다

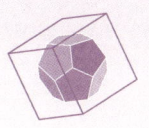

이 세상이 시작하는 순간부터 권력은 존재했다. 하늘 세계의 천사들은 부리는 영이요, 그 세계는 일꾼의 세계요, 당연히 권력 시스템으로 작동한다.

권력은 다음 몇 가지 종류로 나뉜다. 프렌치(John R. P. French)와 레이븐(Bertram H. Raven)이 제시한 사회적 권력의 근거(The Bases of Social Power) 모델이다.

1. 보상적 권력 (Reward Power)

정의 : 보상을 제공해줄 수 있는 능력이 있는 자에게서 나오는 권력이다.

예 : 부모

기반 : 보상에 대한 기대에 기반을 둔 권력이다.

2. 강압적 권력 (Coercive Power)

정의 : 처벌하거나 불이익을 줄 수 있는 능력자에게서 나오는 권력이다.

예 : 판사, 검사, 경찰 등

기반 : 처벌 가능성에 기반을 둔 권력이다.

3. 합법적 권력 (Legitimate Power)

정의 : 공식적인 지위나 역할을 가진 자에게서 나오는 권력이다.

예 : 교사, 상사, 경찰 등

기반 : 지위와 직책을 기반으로 둔 권력이다.

4. 전문적 권력 (Expert Power)

정의 : 지식이나 능력, 인준된 전문성을 소유한 자에게서 나오는 권력이다.

예 : 의사, 기술자, 연구원 등

기반 : 전문성을 기반으로 둔 권력이다.

5. 준거적 권력 (Referent Power)

정의 : 존경이나 동경, 그리고 신뢰를 쌓은 자에게서 나오는 권력이다.

예 : 유명인, 멘토 등

기반 : 존경하기에 모방하고 싶은 욕구에 기반을 둔 권력이다.

6. 정보적 권력 (Informational Power)

정의 : 특정한 정보를 알고 있거나 그런 정보를 통제할 수 있는 사람에게서 나오는 권력이다.

예 : 정보를 가진 모든 자들

기반 : 정보를 통제하고 활용할 수 있는 힘을 기반으로 둔 권력이다.

힘-능력-권력-권세를 갖는다는 것

힘과 능력, 권력과 권세를 갖는다는 것은 그 자체로 엄청난 혜택이다. 모두가 동일한 권력을 얻을 수 있는 것이 아니기 때문에 더욱 특별한 혜택이라고 정의해야 한다. 권력은 모든 이의 샬롬(평화)을 위해서다. 어떤 권력도 자기 증명, 자기 강화, 자기 유익과 자기 보호를 위해 사용되어서는 안 된다. 권력은 샬롬의 도구여야 하는데, 어떤 이의 손에서는 매우 강하고 위험한 무기로 변할 수 있으니 정말 조심해야 한다.

권력의 달콤한 맛은 입에는 이루 말할 수 없이 좋은 맛이다. 그러나 권력 시스템에 에러를 일으키고, 끝내 죽음을 가져온다. 정찰제가 된 관계의 값은 그 값을 유지하기 위한 온갖 비리와 비행으로 연결되며, 이는 가정 시스템에 에러로 결과를 맺는다.

힘과 능력, 권력과 권세, 이런 종류는 유통해야만 건강 유지가 가능한 생활 에너지다. 그것이 누군가에게 멈춰 서서 고이면, 그 자체로 체증을 유발하고, 생활 스트레스를 높이며, 빈번한 교통사고로도 연결된다. 힘과 능력과 권력과 권세는 유통함으로 건강한 시스템을 유지하게 한다. 그런데 자신만의 것으로 고정시키면, 그 자체로 요동치는 에너지가 된다.

힘과 능력과 권력과 권세는 물질 세상의 것이 아니다. 영적 세상의 산물이다. 그것들은 누군가에게 종속되려고 존재하는 것이 아니다. 만약 종속된다면 그것들을 창조하신 이에게만 종속 가능하다. 그렇지 않은 자가 자기에게 종속시키려고 하면, 그 자체로 걷잡을 수 없는 악이 된다. 왜냐하면 누군가에게 종속되더라도, 그것을 다스릴 수 있을 만한 크기를 가진 자가 없어, 그것들이 비좁은 감옥에 갇혀 격한 몸부림을 치게 되기 때문이다. 악은 그 힘과 능력과 권력과 권세를 변질시켜 사람들이 살아서도 지옥을 맛보게 한다.

'힘'은 물리적 강제력이나 에너지로 표현된다. 외부에서 다른 물체나 사람에게 강해지는 물리적, 정신적 압력이나 강제력을 말한다. 물리학적 관점에서는 물체의 움직임이나 변화를 유발하는 요인으로 정의되기도 하며, 사회적 맥락에서는 압력이나 강요의 의미로도 쓰인다.

'능력'은 어떤 일을 할 수 있는 개인의 기능, 재능, 지식, 또는 자질을 의미한다. 능력은 개인의 잠재력과 능력을 나타내며 특정 목표나 과제를 달성할 수 있는 역량을 말한다.

'권력'은 관계적 맥락에서 다른 사람이나 상황을 통제하고 지배할 수 있는 능력이다. 권력은 지위나 사회적 위치, 정치적 권한 등에서 비롯되며, 다른 사람의 행동이나 결정에 영향을 미치거나 조정할 수 있는 힘을 의미한다.

'권세'는 지배력으로 다른 사람이나 사회를 지배하거나 큰 영향력을 미칠 수 있는 세력을 의미한다. 예수의 말씀이 권세가 있는 이유는 그 말씀이 미칠 영향력이 지역과 세대와 시간을 초월한다는 뜻이다. 그 말씀의 세력이 공적인 힘을 반영한다는 의미다.

마스터의 에러

마스터는 힘과 능력과 권력과 권세를 가진 자이나. 작시만 가정 안에서 그것을 휘두르며 혜택을 누리는 자이다. 그래서 정말 조심 또 조심해야 한다. 세상의 큰 자들도 이것을 가지고 휘두르다가 다 무너졌는데, 하물며 가정 안에서 상한 감정으로 마스터가 된 자들이 다르겠는가.

마스터는 가정의 화목과 화평을 위해 존재해야 한다. 하나님도 모든 것을 다 하실 수 있는데도 참고 참으며, 가족의 화목과 화평을 위해 힘과 능력과 권력과 권세, 그리고 자기의 권위까지도 조절하며 다스리신다. 자기의 역량만큼 휘두르지 않으신다는 말이다. 왜? 가족이니까! 가족은 당신과 한 몸, 한 마음, 한 영이니까, 자기가 자기에게 힘과 능력과 권력과 권세를 휘두르지 않으니까 말이다.

마스터는 하나님을 대신하여 선순환적인 가족 정치를 하는 자이다. 자기가 하나님이 되는 것이 아니라, 하나님의 마음을 반영한 정치를 하는 것이다. 다 하나님의 영광이요, 하나님의 기쁨이 되도록 말이다. 가정에서 가족 정치를 바르게 배운 자는 나라도 잘 다스린다. 혹 그렇지 않은 자에게 힘과 능력과 권력과 권세가 쥐어지면, 그것을 무기 삼아 모두를 나머지 삼고, 자기 발아래 두어 자기 영화를 위해 그 나머지를 부리려고 한다. 당연히 헝거게임이 시작된다.

상감(상한 감정)으로 마스터 된 자는 무슨 정치를 해도 자기 증명, 자기 강화, 자기 유익, 자기 보호, 즉 자기 세우기 4대 프로젝트에 목숨을 건다. 모든 힘과 능력과 권력과 권세를 사용하여 정말 상감(왕)이 되기를 꿈꾼다.

왕은 오직 하나님 한 분밖에 없다. 사람은 사람의 왕이 되라고 창조한 사람이 없음을 밝히 깨달아야만 한다. 혹 왕이 되겠다고 스스로 나서는 자가 있다면 그 자체가 죄가 되고, 하나님의 눈 밖에 나서 힘과 능력과 권력과 권세가 자기 발목을 잡아, 스스로 멸망의 길로 들어선다는 것쯤은 역사를 통해서 다 아는 바가 아닌가.

그럼에도 불구하고 마스터의 에러는 가정 안에서 자기가 왕이 되어, 왕 대접을 받아야겠다는 상한 감정의 못된 탐심 때문이다. 정말 정신을 못 차린다.

권력의 명분

모든 관계는 그 관계를 주장하는 마스터가 있다. 마스터는 법을 선포하고, 규칙을 정하고, 상과 벌을 정하고, 도덕과 윤리의 기준을 정하고, 기본 생활 언어 사전을 만들어 관계된 사람들의 생활을 다스린다. 마스터가 근면하면 근면이 기본 생활 언어가 되고, 마스터가 멋을 중요시하면 매사 멋들어져야만 한다. 공부가 중요하면 무엇보다 공부를 잘해야 할 것이고, 부자가 되는 것이 중요하면 돈 버는 데 목숨을 걸어야 한다. 마스터의 관계의 법은 곧 자기 값이고, 곧 관계의 값이며, 직접적으로 권력 시스템을 작동시키는 요인들이 된다. 그것이 그 가정의 집권력이다. 누구도 다른 수저를 얹으면 안 된다.

권력은 아무 때나, 아무에게나, 아무렇게나 주어지지 않는다. 반드시 명분이 있어야 하고, 관계하는 모든 이들로부터 인정도 받아야 한다. 그 명분이 마스터에게 권력에 대한 권리를 주고, 부리는 권세도 허용한다. 그래서 정치가들에게 가장 중요한 것이 합당한 명분이다. 뭐라도 명분을 제시해야만 시작할 수 있다. 아무리 잘못해도 뚜렷한 명분만 내세우면 위험한 순간도 모면할 수 있다. 명분만 그럴듯하면, 혹 갑질을 한다 해도 눈감아준다. 반항이나 반역도 정당화된다. 그래서 명분 없는 갑질은 없다고 말한다. 혹 있다면 그 명분이 충분 조건이 아니었다는 의미일 것이다.

돈을 벌어오는 것이 마스터의 가장 큰 힘과 명분으로, 가족들의 마땅한 대접을 받아야 한다는 관계의 법이 설정되어 있다면, 돈을 벌어오지 못하는 순간, 관계의 법은 무너지고, 관계의 값도 무너져 못마땅한 대접을 받게 된다. 마스터의 명분이 없어지면 힘과 능력과 권력과 권세는 물 건너간다.

혹 아버지이기에 무조건 대접을 받아야 한다는 명분으로 관계가 설정되어 있다면, 아버지 노릇을 제대로 못하는 순간, 관계의 법과 관계의 값이 달라져 푸대접받는 자로 전락한다. 힘을 잃는다. 무섭고, 정도 없고, 똑똑하기만 했던 어머니가 병들어 눕게 되면, 명분이 없어지고, 관계의 값도 무너져, 홀로 병치레하며, 쓸쓸히 죽어가는 상황에 놓이기도 한다.

저질적 명분으로 갑질하는 관계 설정과 그로 인한 관계의 법과 관계의 값은 변질되고 오염된 갑질 시스템을 작동시켜, 어리석은 무력과 폭력을 사용하게 만든다. 그런 권력 시스템에서는 건강한 권력을 경험할 수 없다.

권력은 샬롬, 즉 평강을 위해서다. 모두 다 잘 사는 상황 조건을 형성하기 위해 필요한 도구로서의 힘과 능력과 권력과 권세이다. 힘과 능력이 개인의 것이라면, 권력과 권세는 공동체적인 것으로 공식적으로 부여된 것이기도 하다. 자기만을 위한 것이 아니기 때문에 권력과 권세의 사용은 성숙함이 기반이 되어야 하고, 책임감이 뒤따라야 한다. 어리석은 권력과 권세의 남용은 분열을 낳고, 전쟁을 생산하기 때문이다. 다시 말한다. 권력은 샬롬(평화)을 위해서다. 건강한 권력은 악을 제거하고 막는다.

명분과 값

의사들의 자기 값은 매우 중요하지만, 그 값을 올리기 위해 환자들을 저버리는 행위는 값질이 갑질로 전락한 행위가 된다. 이유와 명분은 다분하겠지만, 생명의 존엄성이 무엇보다도 중요한 명분이기 때문에, 그것이 2차 목적이 되는 순간, 의사는 더 이상 존경받는 직업군이 아니다.

의사와 환자라는 관계 설정의 가장 으뜸 되는 관계의 법은 병자를 돌보는 것이다. 그래서 천지보다 의사가 더 관계의 값이 높다. 그런데도 자기 값을 올리겠다고 환자를 돌보지 않는 행위는 어떤 이유에서든지 적절한 명분을 얻지 못한다. 그러면 제 값을 줄 수 없다. 혹 주더라도 의사가 이윤을 남기는 장사치가 된 것과 다름 없기 때문에 관계의 값은 떨어지고, 힘과 능력은 물론 권력과 권세도 값을 잃는다. 무조건적인 존경의 대상에서 제외되는 것이다.

목사가 돈을 밝힐 때 비난받고, 그 존재 값과 관계의 값은 물론, 그 결과로 권력의 값이 같이 떨어지는 이유는 "모든 사람은 몰라도 목사는 그러면 안 된다"는 명분이 꼬리표처럼 따라다니기 때문이다. 선교사 역시 명분과 값이 따라다니며 막중한 책임감으로 살아가는 사람들이기 때문에 선교사를 직업이라고 부르지도 않는다. 소명이라고 부르고, 사명으로 살며 사역한다고 말한다. 당연히 존경심을 더하는 이유도 여기에 있다.

왜 학생들이 더 이상 선생들을 존경하지 않는가. 고품격의 명분, 그 값을 잃었기 때문이다. 현재 학생과 선생의 관계 설정은 돈 받고 지식을 전달하는 데서 끝나는 직업으로 존중하고 우러러봐야 할 대상이 아니기 때문이다. 촌지나 밝히고, 학생들을 차별하고, 힘 있는 자들의 눈치나 봤기 때문에 그런 결과를 얻게 된 것이다. 거룩한 명분과 값을 잃었다.

선생님이 부모를 대신하거나 때로는 부모보다 더 학생을 사랑하는 분으로 부모님처럼 키워주신 은혜에 감사하고, 그 분을 존귀히 여겼던 것은 옛 일이 되어버렸다. 돈으로 설정되는 관계라면 학원이 훨씬 더 심플한 관계 설정과 그에 의한 관계의 법이 가동된다. 그래서 학원을 선호하는 학생들이 많아지는 것이다. 존경하지 않아도 되는 강사가 편하기 때문이다.

고귀한 명분을 지켜라

크고 작은 모든 마스터는 가정과 사회와 나라의 근간을 세우는 사람들이다. 마스터는 관계하는 사람들의 기본 생활 언어를 설정하는 사람들이다. 따라서 거룩하고 고귀한 명분과 값을 필히 고수해야 한다.

마스터는 도덕과 윤리의 기초와 기준을 세우고, 샬롬을 위한 합당한 힘과 능력의 사용은 물론, 선한 권력과 권세로 선순환하는 시스템을 작동시키는 주자로의 상징적 값을 다해야 한다.

그렇지 않으면 권력의 균형이 깨지고, 권세는 이윤을 좇아 부모도 인질 삼는다. 권력 시스템에 에러가 나면, 불의와 부정부패와 폭력과 억압이 판치는 시스템이 가동되어, 피해와 억울함과 분노와 슬픔이 편만한 상한 감정 시스템이 왕성해진다. 상한 감정이 진짜 왕 노릇한다.

상한 감정이 가치를 이기는 시스템은 절대 가동되어서는 안 될 악이다. 존중할 만한 권력이 없고, 권세가 없으면 사람들은 미친다. 권력은 이익을 위한 도구로 전락하고, 권세는 자기 유익을 위힌 하이에나 취급이다. 존중은 없어지고, 내중만 남는다. 그러면 그 악순환은 악으로 곱하기 된다. 많은 세월과 에너지와 자원을 들여도 악순환이 거듭된 시스템은 쉽게 멈추지 않는다. 망해야 비로소 멈춰 세울 수 있다.

개인의 힘과 능력이 공적인 권력과 권세가 되면, 가족의 역할과 기능은 물론, 아직 살아보지 않은 미래까지도 마스터 마음대로 결정한다. 타인의 미래가 보장되지 않는 세상이 열린다. 오늘밖에 살 날이 없다. 하루살이가 따로 없다. 권력과 권세는 건강해야 한다. 뒤틀린 사람이 이들을 소유하면, 시스템이 뒤틀리고, 생활이 쪼그라든다. 태어나는 사람마다 그 뒤틀린 시스템의 희생물이 되고, 원치 않지만 생존을 위해 모든 것을 어쩔 수 없는 결과로 받아들여야 한다. 시스템이 그러면 생활이 그러니까 말이다.

변질된 권력

아내 안 씨의 과도한 씀씀이 때문에 곽 씨는 골치를 앓으며 누누이 아내를 타이르고 그 결과의 위험을 설명한다. 안 씨는 세 살 때 엄마가 도망가고, 아빠가 새엄마와 사이에 동생 넷을 낳는 과정에서 누구도 자기를 돌봐주지 않았고, 눈칫밥에 배고픔과 배앓이를 하며 홀로 성장했다.

이런 상처 때문에 안 씨는 남들에게 인정받기 위해 있는 돈은 물론 없는 돈은 꿔서라도 퍼주어야 하는 병든 값질을 쉬지 않는다. 곽 씨는 계속해서 그러지 말라고 설명하고 설득하지만, 안 씨에게는 한 끼 밥으로 평생 배부를 수 없듯이, 다음 날이면 다시 배가 고프고 배앓이가 시작된다. 그래서 자기에게 밥이 되고 소화제가 되는 '돈풀이'를 해야만 그 엉킨 속이 풀린다.

안 씨의 그런 값질은 상처로 오염된 갑질로 둔갑한다. 자기의 처참했던 과거가 오늘 남편과 자녀들의 인생을 망친다는 것을 알면서도, 자신의 배고픔과 배앓이를 해결하느라 저지르는 못된 갑질로 말이다.

안 씨의 힘은 채워지지 않은 허기진 마음이다. 적절한 관심과 사랑을 받아보지 못해, 허기진 마음과 배고픔이 안 씨의 주인이 되어, 퍼주고 나눠주는 것으로 인정받기 원하는 욕구를 한없이 끌어올린다. 정신이 쉬지 않고 말해준다. 정서가 그렇게 느끼고, 몸은 배앓이로 확실하게 알려준다. 상상이 아니다. 실제로 존재하는 아픔이요, 느끼는 압력이다.

그래서 상한 감정자는 관련된 사람들에게 몸으로 메시지를 보낸다. 자기의 부족을 이해하고, 자기를 끝까지 받아줘야 한다는 가장 평범한 스타일의 상한 값질이요, 세월과 함께 변질된 권력으로 둔갑하는 상한 감정의 갑질이다.

상한 감정은 당연히 오염된 힘이다. 변질된 잠재력이기 때문에 그 크기가 얼마나 되는지 모른다. 그것이 무엇인가 할 수 있게 만드는 부정적인 에너지의 원천이 되고, 상한 권력이 된다. 상하면 상할수록 그 세력이 커시고 그 영향력은 경계를 넘는다. 힘은 허기짐을 해결하기 위해 온몸과 마음을 점령하고, 그 허기짐이 간절함을 만들어 목적 달성을 위한 어두운 힘과 능력으로 전환된다. 그 능력이 자기의 유익을 위해, 관계에서 상대방을 조정하는 갑질적 권력으로 둔갑한다. 이렇게 상한 감정이 잘못 설정되면, 그 변질된 권세로 관계를 무너뜨리는 마스터가 된다. 그래서 상한 사람일수록 더욱 마스터가 되고 싶어 한다. 그 파괴력을 마음껏 발휘하고 싶기 때문이다.

가정을 바로 세우는 삼권 마스터

분명한 범죄자가 국회의원이 된다면, 그는 변질된 갑질로 권력 시스템에 에러가 날 만한 원인을 제공할 것이다. 국민의 대표이자 입법 기관으로서 국회의원이 되었으면, 죄를 피하려는 갖은 시도보다 범법한 사실을 인정하고 그 책임을 회피하지 않는 태도를 보여야 한다. 부끄러워할 줄 아는 건강함을 선택해야만 본이 되고, 그것이 나라의 법을 바로 세우는 올바른 값질이 된다.

상한 감정자들은 자기 충족과 자기 만족을 위해, '차별'과 '차이'를 내고, '싸움'과 '전쟁'을 낳고, 병자들, 미친 자들, 독재자들에게나 안성맞춤인 변질된 권력 시스템을 가동한다. 이런 상황에서 보통의 사람들이 할 수 있는 일이 무엇일까? 그저 각자의 가정을 바로 세우는 일뿐이다. 최소한의 범위에서 최대한의 악을 막아내는 것이다.

가정의 마스터는 일명 '가정의 국회의원'이다. 가정에서 가족의 관계 설정과 관계의 법을 정하기 때문이다. 또 그 법으로 공정하게 집행해야 한다. 마스터는 이렇게 입법, 사법, 행정을 두루 아우르는 큰 지도자여야 한다.

가정의 마스터들이 건강하고 정직하며, 성실하고 온유하여 건강한 관계의 값을 살아간다면, 가족은 왕성하게 생산되고, 나라는 살아보고 싶은 좋은 나라가 되는 것이다. 쓰러질 수 없는 강건한 대한민국이 되는 그 날을 위해, 오늘 건강한 권력 시스템으로 주어진 힘과 능력과 권력과 권세를 잘 사용해보기 바란다.

Q & A Session

1 당신 가정에서 최근에 일어난 문제 하나를 말해보세요.

2 그 사건을 통해 누가 힘과 능력과 권력과 권세를 발휘했나요?

3 권력 시스템에 문제가 있나요? 마스터에게 에러가 났나요? 왜 그렇게 생각하나요?

4 권력 시스템은 무엇 때문에 존재해야 하나요?

5 힘과 능력과 권력과 권세의 차이를 말해보세요. 어렵겠지만 당신의 언어로 말해보세요.

6 마스터는 왜 힘과 능력과 권력과 권세를 가지고 가정 시스템을 운영해야 하나요?

7 마스터가 사용하는 힘과 능력과 권력과 권세는 왜 위험 요소가 되나요?

8 상한 감정이 권력이 되는 이유가 무엇일까요?

9 상한 감정으로 작동하는 마스터의 권력 시스템은 가족에게 어떤 영향력을 끼치나요? 예를 들어 설명해보세요.

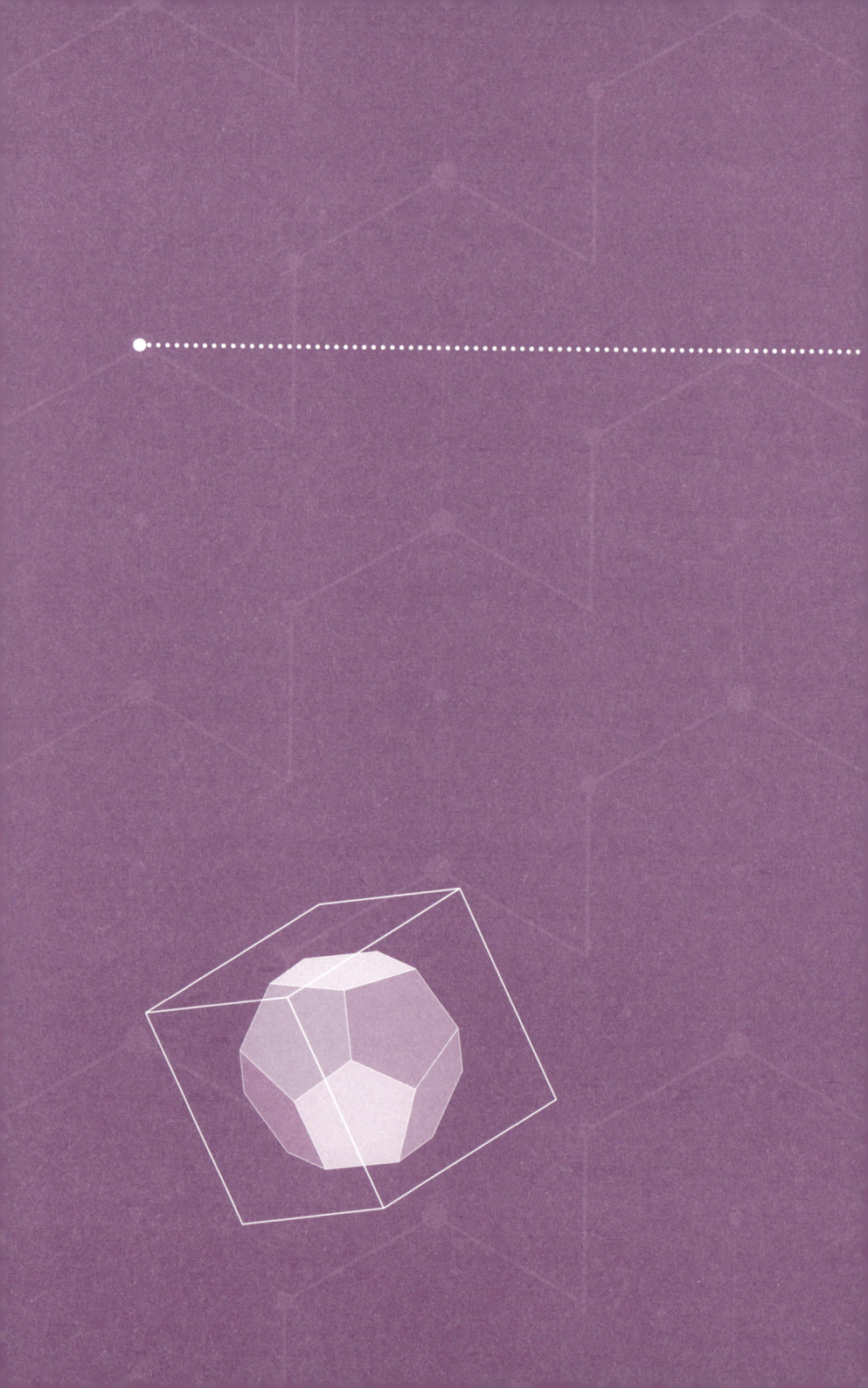

집행 시스템

11

집행 시스템을 바꿔야 변화가 일어난다

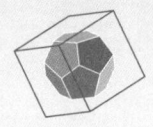

집행은 모든 영역에서 일어나고 있다. 대화도 집행이고, 식사하는 것도 집행이고, 산책하는 것도 집행이고, 자는 것도 집행이고, 노는 것도 집행이다. 집행은 항상 결과로 이어지기 때문에 매우 중요하다.

일반적인 집행 시스템

'집행 시스템'이라는 용어는 일반적으로 법률 또는 행정 분야에서 사용된다. 이것은 법률이나 규정을 실행하고 집행하는 시스템이다. 이는 법적인 결정이나 명령을 효과적으로 이행하고, 규정을 준수하도록 하기 위해서다. 이를 위해서 법적 근거가 있어야 하고, 법적 결정을 집행하는 주체들이 있어야 한다. 법원, 경찰, 정부 기관 등이 그 주체들이다. 뿐만 아니라 법적 결정을 어떻게 실행할 것인지에 대한 구체적인 절차와 과정인 집행 절차도 필요하다. 경고, 벌금 부과, 자산압류, 체포 등 다양한 방법이 집행 절차에 사용된다.

그리고 집행이 적절하게 이루어졌는지 감시하고 평가하는 과정인 감독 및 통제도 있어야 한다. 이는 내부 감사, 외부 감사 또는 시민 감시로 이루어진다. 여기에는 제재와 처벌이 필수인데, 법적 결정에 따르지 않을 때 부과되는 제재나 처벌을 포함한다. 이러한 제재는 개인이나 조직이 법을 준수하도록 강제하는 역할을 감당한다.

집행 시스템은 사법 집행 시스템, 행정 집행 시스템, 사회적 집행 시스템으로 나뉜다. 사법 집행 시스템은 법원의 판결을 집행하는 시스템으로 형사 사건에서의 유죄판결 집행, 민사 소송에서의 손해배상, 명령, 집행 등이 포함된다. 행정 집행 시스템에서는 정부 기관의 명령이나 규정을 집행하는 시스템으로 세금 징수, 환경 규제, 공공안전 규제 등을 관리한다. 사회적 집행 시스템은 규범이나 사회적 합의를 유지하기 위해 설계된 시스템으로, 학교나 회사의 규칙 집행 등이 이에 해당한다. 이러한 집행 시스템은 사회 질서를 유지하고, 법적 규제적 구조가 실질적으로 작동하도록 하는 핵심적인 역할을 한다.

집행 시스템의 부재 상황

차 씨는 잘 나가는 변호사다. 정말 친절하고, 자상하다. 이렇게 좋은 남편감이 어디 있느냐는 칭찬이 자자한 상태에서 결혼했고, 영국 신사라는 소리도 자주 들었다. 연예인을 능가하는 외모와 몸매를 가졌다. 예의도 바르고 말씨도 부드럽다. 젊은 나이에 교회와 목사님으로부터 신임을 받으며, 장로급 위치에서 교회를 이끌어가는 지도자이기도 하다.

아들과 딸이 있고, 아내도 신앙으로 잘 살아보려고 애쓰는 사람이라서 부러움의 대상이다. 워낙 겸손하고 예쁘게 잘 섬기기 때문에 누구 하나 볼멘소리를 하는 사람이 없다. 다들 칭찬하고 좋아한다. 모두 친해지고 싶어 하는 커플이다.

그러나 문제는 오늘도 목사님이 심방 요청을 받고 그 가정에 급히 달려가셨다는 것이다. 남편 차 씨는 애들이 보는 앞에서 아내를 발로 차고, 때리고, 꼬집고, 비틀고, 나중에 멍든 것이 보이지 않을 곳만 골라서 폭력을 가하고 온갖 더러운 욕을 한다. 한번 화가 나면 화를 주체하지 못하고 아내를 대상으로 집중공격한다.

더 큰 문제는 그다음부터다. 혼자 욕을 하고 물건을 집어 던지다가 갑자기 정신이 돌아온 듯, 그는 "어? 내가 왜 이러지? 여보, 많이 아파? 내가 왜 그랬지? 내가 정신이 나갔나봐, 미안해, 용서해줘, 정말 잘못했어"라고 하며 제일 먼저 아내의 전화기를 챙긴다. 아내를 안방으로 들여보낸 후, 미안한 얼굴로 아내를 침대에 누이고, 애들은 자기가 볼 테니 좀 자라며 문을 잠근다. 아내가 전화기를 돌려달라고 말하면, "여보, 지금은 줄 수 없어. 좀 더자. 자고 나면 줄게"라고 한다. 그리고 나서 일주일이 지나야 전화기를 돌려받을 수 있다. 그동안 지극정성으로 몸에 약을 발라주고, 미안하다고 골백번 사과한다. 마치 정말 정신이 나가 실수한 것이라고 속을 정도로 말이다.

그런 일이 두세 번 있자 아내는 남편이 교회에서 부서 사역을 하는 사이에 목사님을 만나 사정을 말씀드렸다. 하지만 목사님은 "그 사람이 이유 없이 그럴 리가 없다. 남편의 비위를 잘 맞추라"고 했다. 아직도 몸에 남아 있는 멍 자국을 일부 보여드렸지만, "남자가 화가 나면 그럴 수 있다"고 아내가 참아야 가정이 평탄하다고 조언하셨다. 사모님은 아내의 입장을 이해할 수 있겠다 싶어 말씀을 드렸지만, 목사님이 말씀해주셨다며, "자매가 인내하며 참아봐요. 혹 다음에 또 그런 일이 있으면, 당장 전화해요. 우리가 달려갈 테니"라고 하셨다.

가정 시스템의 집행 시스템을 차 씨 가정의 예로 살펴보면, 차씨는 변호사라 이런 상황에 관련된 모든 집행 언어를 잘 알고 있는 사람이다. 자기가 잘못을 저질렀어도 빠져나가는 길을 알고있다. 일단 아내가 현장에서 경찰을 부르지 못하도록 "미안하다"고 무릎을 꿇고, 진정성 있게 사과한다. 그리고 아내의 전화기를 챙긴다. 아내가 밖으로 나가지 못하도록 방문도 잠근다. 꼭 필요한 단속을 아주 잘한 것이다.

그러면 아내는 어떤가. 사실 아내는 전화기가 없어서 전화를 못하는 것이 아니고, 문이 잠겨서 잠자는 것이 아니다. 사실 그다음 이야기를 어떻게 진행할지 몰라 그냥 누워 있고, 자는 척하고, 경찰을 부르지 않는 것뿐이다. 이것이 아내의 첫 집행이다.

그다음은 목사님 부부의 관여였다. 문제는 목사 부부도 이 가정 시스템의 마스터에게 문제가 있고, 잘못했다는 사실을 잘 안다. 그런데도 그 문제에 손을 댈 수 없는 것은 교회가 어려워질 것이 뻔하기 때문이다. 교회 성도들에게 많은 관심과 사랑을 받는 부부인데, 어떻게 폭력을 가하는 남편이요, 폭력을 당하고 있는 아내라고 말할 수 있겠는가. 그러니 아내를 잘 관리하고, 아내의 탓으로 돌리고, 아내의 긍휼을 바라는 것으로 집행할 수밖에 없는 것이다.

차 씨 가정과 엮여 있는 사람들의 '관계적 다이내믹'과 '관계의 값'이 자기 보호와 자기 유익으로 똘똘 뭉쳐 있어 이런 집행이 가능하도록 만드는 것이다. 집행이 곧 생활의 결과이다. 집행만큼 생활의 질이며 격이다. 집행에서 진정한 가치가 드러난다.

집행 시스템을 바꿔야 변화가 일어난다

가정 시스템의 집행 시스템은 가족 구성원들이 알고 있는 가정의 규칙, 책임 그리고 기대치를 이루고 지키도록 하는 결과적 기능이다. 이는 가정 시스템의 원활한 운영을 통해 긍정적인 가족 분위기를 형성하고, 가족이 매일 건강하고 행복하도록, 그리고 소망이 넘치는 미래가 기대될 수 있도록 시스템을 잘 조성하는 결과적 능력이다. 집행이 잘 이루어지면 가정이 건강하고 행복하며, 집행 상태가 불량하면 가정도 불량품이 된다.

그런데 변호사 차 씨는 집안의 마스터로서 아내의 약점을 알고, 자기의 법적 지식을 악용한다. 목사님 부부를 집행 시스템의 가장 중요한 부분으로 이용한다. 자기를 보호해주고, 아내를 설득시켜 줄 것이라고 믿는 것이다. 자기에 대해 나쁜 소문이 나면, 교회 전체의 문제가 될 수 있으니, 목사님도 함부로 차 씨를 건드릴 수 없다는 것을 안다. 이 모든 불행과 악은 아내의 입을 다물게 하는 것으로 집행이 마무리된다.

그렇지만 더 이상 남편의 조절되지 않는 분노로 인한 피해와 기만하는 능력, 능통한 통제력을 통해 매번 범죄를 저지르고도 피해 가도록 내버려둘 수는 없다. 차 씨의 아내나 목사 부부가 용기를 내어 집행 언어를 바꿔야만 한다.

아내는 결정을 내려야 한다. 경찰을 부르면 남편의 직업이 제재에 걸린다. 목사님 부부에게 도움을 구하면, 교회 전체가 술렁이게 된다. 이혼을 결정하자니 앞날에 대해 준비한 것이 없다. 남편 없이 사는 미래를 제대로 그려본 적이 없는 것이다. 그렇다면 결국 모든 것이 계속, 그대로 집행될 수밖에 없다. 이변이 없는 한 자기 유익과 보호를 위해 변화는 없을 것이다.

이중에서 가장 쉽게 집행할 수 있는 것은 자기 자신을 바꾸는 것이다. 더 이상 이렇게 살고 싶지 않다면, 혹 이혼하고 싶다면, 마음으로 이혼을 결정하고, 앞으로 일어날 사건 하나하나에 대해 세밀히 상상하고 필요한 언어를 준비해야 한다. 남편 없이 살아가는 상황을 시나리오를 펼쳐놓듯이 아이들 문제, 재산 분할, 신앙 생활, 취업 여부 등 여러 변호사를 만나 정보를 수집하고, 신중히 생각하고, 의논해야 한다.

이혼을 하거나 안 하거나가 중요한 것이 아니다. 자신부터 집행 시스템을 바꿔야 변화가 일어난다. 'No-self' 증상, 불신 증상으로는 아무것도 할 수 없다.

대표적인 집행 유형

집행은 항상 모국어적이다. 그래서 매우 습관적이다. 자기도 모르게 자동으로 클릭되는 언행 시스템이다. 가정 내 의사결정이나 실행 방식에서 자주 볼 수 있는 대표적인 다섯 가지 유형이 있다.

첫째, 권위적 집행 스타일이다. 권위적 집행의 주도권은 특정한 사람에게 있다. 위에서 아래로 지시하고 보통 규칙이나 법이 강조된다. 부모, 가장, 큰형, 사장, 선생 등을 예화로 꼽을 수 있다. 명령과 통제가 중심 언어이며, 구성원들의 의견은 크게 반영되지 않는다. 규칙과 기준이 명확하고, 위반 시 제재가 따른다. 이 집행의 장점은 빠른 결정력으로 인한 갈등의 최소화다. 단점은 구성원의 자율성 부족과 집행 후 갈등 유발 가능성이다.

둘째, 참여적 집행 스타일이다. 참여적 집행의 주도권은 참여한 구성원 모두에게 있다. 집행 전에 반드시 토론과 협의 과정을 거치며, 서로 책임을 나누고, 공동의 목표를 추구한다. 이 집행의 장점은 만족도와 협조가 높고, 참여한 사람들에게 자율성과 책임감이 형성된다는 것이다. 단점은 결정이 느릴 수 있다는 것과 의견 충돌 시 갈등은 물론 다툼으로 번질 수 있다.

셋째, 방임적 집행 스타일이다. 특별한 개입 없이, 집행을 각자 자율성에 맡긴다. 최소한의 규칙만 있고, 구성원이 알아서 결정하고 행동하도록 한다. 자기 인생은 오직 자기의 책임이라고 가르친다. 지도자나 가정은 관찰자의 역할만 감당할 뿐이다. 이 집행의 장점은 개인에게 주어진 풍성한 자유와 자기 인생에 대한 개인적 책임감이다. 이는 곧 상당한 창의성을 촉진시킨다. 단점은 책임소재가 불분명하며, 무질서하거나 비효율적이고, 비상식적일 수 있다.

넷째, 코칭형 집행 스타일이다. 집행 과정에서 구성원, 특히 자녀나 배우자의 성장과 학습을 중요시 여긴다. 교훈을 얻기 바라고, 배우기 바라고, 성장하기 바란다. 지시하기보다는 질문과 피드백, 조언을 통해 실행을 유도한다. 실수도 학습 기회로 삼고, 점진적 자율성을 부여한다. 이 집행의 장점은 구성원의 능력과 책임감 향상, 그리고 관계 개선에 긍정적 효과를 중시하며, 단점은 시간이 많이 걸리고, 많은 인내심과 상당히 발전된 기술이 필요하다는 것이다.

다섯째, 수동형 집행 스타일이다. 갈등이나 결정 자체를 피하고, 실행을 유보하는 경향이다. 법이나 규칙이나 책임소재를 명확히 하지 않고, 상황이 저절로 해결되기를 기다린다. '알아서 하겠지', '골치 아프니까 나중에 생각하자' 같은 태도를 취한다. 이 집행의 장점은 단기적으로 갈등을 피할 수 있다는 것이고, 단점은 문제 해결이 지연되고, 혼란과 불만이 누적된다는 것이다. 책임을 회피하려는 지나친 게으름이다.

집행 스타일은 이외에도 더 있다. 차 변호사는 기만적-권위형 집행 스타일이다. 지정된 스타일 앞에 어떤 형용사를 붙이느냐에 따라 스타일이 달라질 것이다. 어떤 스타일이 더 좋은 것은 없다. 때로는 이 다섯 가지 유형을 상황에 따라 골고루 사용할 수 있는 것이 지혜라고 하겠다. 어떤 집행을 하느냐에 따라서 생활의 열매가 다르다.

거래 시스템

상한 감정이 작동하는 가정 시스템은 모든 것이 다 거래 시스템으로 전환된다. "네가 하나 하면 나도 하나 한다"가 관계의 기본 법이다. 'Quid-pro-quo'(퀴드 프로 쿼어), 즉 'give and take' 시스템이다.

그 시스템은 가족 관계가 계약 관계, 법 관계, 이해타산 관계로 변이된다. 숫자가 생생히 살아 있어 집행관이 되는 변질된 시스템이다. 모든 것은 숫자로 계산되어 피해와 이익이라는 두 단어로 환산되고, 이는 곧 돈으로 환산된다. "사랑하고, 이해하고, 용서하고, 화목하고" 이런 언어는 이 집행 시스템에서는 사용 불가한 생활 언어이다. 서로를 위해 사랑과 관심과 배려와 수고를 낭비할 수 있을 만한 여유는 사제된다.

생존을 위해 살아가는 가족들이 치열한 파워 게임을 하며, 부정적이고, 계산적이고, 악순환적인 거래 시스템을 가동시킨다. 거짓말을 덮어주는 대신, 이것을 주는 대신, 설거지를 하는 대신, 청소를 하는 대신 등등 집행은 사사건건 계산기를 두드린다.

무엇을 잘 해결하는 것이 아니라, 힘센 자 마음대로 해결하는 것이 중요하다. 잘못은 감추고, 죄는 없애고, 잘한 것은 온갖 치장으로 밝히 드러내 공로가 되게 한다. 이것이 변질된 집행 시스템이 작동하는 현장이다.

학대 시스템

지옥은 온전한 학대 시스템이다. 절대 누구도 편히 공정하게 공평하게 공의롭게 살 수 없다. 세월이 흐르면서 가족 구성원 모두가 변질된 권력자가 되어서 자기의 힘과 능력을 사용해 그 권력을 남용한다.

가진 힘이 침묵이라면 그것으로 서로를 학대하고, 각자 극심한 외로움에 시달려 병과 중독을 호소하며 산다. 가진 것이 돈이라면 대놓고 '돈지랄'을 한다. "내가 벌어온 돈으로 네가 놀고먹으면서 편하게 지내면 되겠니? 네 몫을 제대로 해야 할 것 아냐? 왜 청소 하나 제대로 못 해? 내가 주는 돈이 얼만데, 왜 집안도 제대로 치워놓지 못해?" 법은 무너졌고, 강자가 자기 마음대로 집행하는 집안은 언행 모두 학대가 난무하다. 더 이상 숨길 수 없고, 감출 수도 없다. 경계선은 무너졌고, 보호막은 없어졌다.

그 와중에 층간 소음으로 괴로우면 그 자체가 가장 큰 화풀이 대상이 되어, 야구방망이를 챙겨 윗층으로 올라가게 된다. 자기 학대, 상대 학대, 가족 학대, 이웃 학대, 모르쇠 폭행, 묻지마 범죄 가 유행한다. 인정되지 않는 자기의 입장과 해결되지 않는 문제와 뒤틀린 관계를 뒤로하고, 온통 피해로 점철된 자기를 업고, 더 큰 상처를 안겨줄 세상을 향해 무거운 발걸음을 돌린다.

기본적인 자기 보호조차 안 되는 환경에서 가족이라는 이름으로 폭행을 당하며 사는 것은 범죄요, 그 가정은 범죄의 소굴이다. 절대 있어서는 안 될 일이다. 가정이 생지옥이면 그것은 학대 시스템의 온상이라는 말이다. 학대 시스템이 집행 시스템이 되면 그야말로 최악이다.

집행 시스템이 전부다

결국 집행이 전부이다. 집행 시스템이 곧 가정 시스템을 결정한다. 집행은 매 순간 일어나는 결론이요, 결과이다. 아침에 일어나는 순간부터 모든 사람은 자기에게 익숙한 집행을 시작한다. 누군가의 언행에 대해 상대의 반응이 "그러지 마라", "좋지 않다", "불만족스럽다", "불쾌하다", "싫다", "괴롭다", "비참하게 만든다" 등 부정적인 피드백을 주는데도 수정하지 않는 상황이 바로 학대 시스템을 가동시킨다.

변호사 차 씨와 같은 사람들의 상습적인 분노와 폭행, 거짓과 기만은 교묘하고 악한 학대 시스템이다. 그런 집행 시스템을 제거하기 위해서는 치밀하게 계획해야 한다. 사진을 찍어놓고, 병원에 가서 진단서를 받아놓고, 경찰에 가서 가정폭력이 발생하면 어떻게 해야 하는지 물어보는 등 여기저기 흔적을 남겨놓아야 한다. 남편의 화가 난 장면과 폭행이 진행되는 장면을 녹화하거나 사진을 찍거나, 음성 녹음도 준비하는 등 상황의 전환을 계획해야 한다.

집행 시스템은 공평하고 건강해야 한다. 결국 모든 것은 집행 시스템으로 집결된다. 그 과정이 어떠했든지 집행에서 결과를 맺는다. 그 결과가 건강하고 행복할 수 있도록 집행 시스템을 바로잡아야 한다.

사탄은 결혼도 가족도 가정도 싫어한다

수십 년 전만 해도 결혼에 대해 다음과 같은 말들이 있었다. "연애는 아름다운 오해요, 결혼은 비참한 이해다", "결혼은 인물 순이 아니다", "결혼은 많은 사람들이 걸어간 낡은 길이요, 내가 걸어가는 새로운 길이다", "결혼은 사랑의 종착역이다", "결혼은 행복과 꿈의 끝이며 의무와 책임만 요구하는 건축 현장이다." 결혼에 대한 얼마나 더 많은 부정적인 말들을 모아 엮을 수 있는지 모르겠다.

그런데 지금은 결혼에 대해서 더 극단적인 말들이 회자된다. "결혼은 안 하는 것이 남는 장사다", "연애는 즐겨라, 결혼은 금지다", "결혼은 바보 순이다", "자식 낳아 고생하지 마라", "결혼은 인생의 종착역이다. 더 이상 앞으로 나아갈 수 없다" 등 결혼에 대한 부정적인 평가는 지금도 계속된다.

이것이 사탄의 기획이고, 사명이고, 소망이라면 믿겠는가? 가족과 가정은 사랑과 희망과 수고의 산지인데 그것을 제일 싫어하는 것이 사탄이다. 자기가 하나님의 아들이 될 수 없고, 영원토록 가족이 될 수 없다는 사실이 사탄을 가장 미치게 한다. 그래서 사탄은 가족과 가정을 제일 싫어한다. 어떻게 하든 망가뜨리고, 무너뜨리기를 원한다. 그래서 하나님의 아들이 아닌 자들 사이에서 가족과 가정을 망가뜨리려는 최악의 계획이 활발하게 펼쳐지는 것이다.

문제는 하나님을 믿는 가족과 가정에서도 사탄의 기획이 활발히 진행되고 있다는 것이다. 주 예수 그리스도를 믿어 하나님의 아들이 되는 권세를 되찾은 사람들은 이 사악한 행군에서 필히 빠져나와야 하는데, 가족 하는 능력을 제대로 발휘하지 못해 사탄에게 사기를 당하고 있다는 사실이다.

하나님이 아들을 원하시고, 가족을 원한다는 사실을 너무나 잘 아는 사탄이기에, 자기를 버린 하나님께 이길 수 없는 복수전을 펼치고 있는 것이다. 사람이라면 누구나 하나님의 아들이 되는 권리와 권세를 가지고 있다. 그래서 사탄은 사람을 유혹하여 그 하나님을 알지 못하고, 깨닫지도 못하도록 발악을 하는 것이다.

가정은 영적 시스템이다

성 씨는 약국을 운영하며 가정 살림을 꾸려왔다. 남편 최 씨는 평생 세 군데 회사에 다니며 일했고, 그중 두 번은 아버지와 형의 사업을 도운 일뿐이었다. 성품이 좋고 정직해서 회사에서 믿고 맡기는 일을 시켰지만, 사정이 어려우면 가장 먼저 잘리는 사람도 남편이었다. 그렇게 결혼 후 5년 정도 일하고 나서 일부러 다른 일을 찾지 않았고, 하지 않았다.

성 씨가 약국을 하고 있으니, 기본적으로 먹고사는 문제가 해결되었고, 집 한 채도 있었기 때문에 살기에 불편하지 않았다. 그래서 성 씨는 남편에게 일하라고 보채지도 않고, 돈이 없다고 싸워본 적도 없다. 딸만 셋을 낳았는데, 다 잘 자라주어 특별히 걱정할 일도 없었다.

그런데 남편이 친구를 사귀게 되어 집에 자주 들르고, 자주 놀러 나가고, 밥도 같이 먹고, 술도 같이 마시고, 완전히 그 친구에게 빠져서 온통 그 친구 이야기밖에 하지 않았다. 그러더니 그 친구가 하는 사업이 흥미롭다며, 그 사업에 투자해서 그 친구와 같이 사업을 하면 좋겠다고 한다.

아내 성 씨는 안 하는 것이 좋겠다고 말렸다. "사업에 투자하려면 하나밖에 없는 집을 팔아서 자금을 마련하는 수밖에 없는데, 그것은 절대 안 된다. 당신은 사업을 해본 사람도 아니지 않느냐. 그냥 좋은 친구로만 지내면 좋겠다." 그렇게 할 수 있는 설명을 다 했지만, 남편은 아내 몰래 집을 담보로 돈을 빌려 그의 사업에 투자했다. 물론 결국 사기였다. 남편은 너무 큰 충격을 받고 공황장애에 걸려 우울증과 불안증을 앓으며, 정상적인 생활을 할 수 없는 사람이 되어버렸다.

그런데 아내는 "여보, 괜찮아! 집은 없어졌지만 당신은 여기 있잖아. 애들도 다 건강하고, 약국도 잘 되고, 걱정 없어! 당신이 믿었던 친구이니, 우리 돈 가져가서 잘 살면 돼. 여보, 걱정하지 마. 당신만 다시 일어서면 돼! 친구를 믿었다가 사기를 당해서 많이 속상하겠지만, 그 친구를 믿어준 당신의 믿음이 중요한 거야. 그 친구가 사기 친 것이 성공이 아니라, 당신이 그 친구를 믿어준 게 성공이야. 그러니 이 일로 당신이 아파하고, 병들고, 이 사건에 지면 안 돼! 당신은 잘못한 게 없으니 떳떳하게 일어서야지! 괜찮아.

다 지나가. 여보, 힘내! 사랑해!"

하나님의 아들이 된 자와 하나님의 가족이 된 자는 새로운 창조물이다.

그런즉 누구든지 그리스도 안에 있으면 새로운 피조물이라 이전 것은 지나갔으니 보라 새 것이 되었도다 고후 5:17

이 말씀을 구원받은 사람으로만 이해해서는 안 된다. "죄로부터 구원받은 사람이 곧 하나님의 아들이요, 하나님의 아들이 되는 오리지널 권세를 회복한 자"라는 뜻이 된다. '구원받음'과 '하나님의 아들됨'과 '하나님의 가족됨'이 모두 동의어라는 뜻이다.

그러므로 사람이 하나님의 아들이 되었기에, 이전 것, 즉 죄로 말미암아 흙으로 지어진 육체적 사람으로 살아가던 그 사람은 지나간 사람이라는 뜻이요, 더 이상 값이 없는 사람이라는 뜻이다. 하나님의 아들이야말로 새로운 존재요, 하나님의 값을 가진 아들임을 알려주는 말씀이다.

하나님의 아들과 그의 가족은 새로운 피조물이다. 이 땅에 없었던 새로운 것이다. 가정 시스템이 건강하려면 이 진리를 깨달아야만 하고, 그래야 비로소 가족과 가정의 참된 값을 알게 된다.

관계 시스템

건강한 가정 시스템은 가벼운 컨택(contact)이 잦고, 연계(linkage)가 잘되며, 서로가 긴밀히 연관(connection)되어 있고, 연계성(relevance)을 최대화하는 시스템이다.

건강한 가정 시스템은 대화를 통해 소통을 잘해야 하는 시스템이다. 일상의 대화에서 공감 대화는 필수다. 평소 공감 대화를 못하면 일이 커진다. 교통사고가 나고, 추돌 사고로 이어져 자칫 대형 사고로 번질 수 있다. 평상적인 대화에서도 먼저 '공감 대화'를 하고, 대화가 복잡해질수록 '감정 풀이 대화'를 해야 하며, 대화가 진전되면 '실타래 풀이 대화'로 이어가야 한다. 그다음부터 '문제 풀이 대화'가 가능하다.

관계가 형통하려면 대화로 컨택하고, 대화로 연관하며, 대화로 연계해야 한다. 대화는 우리가 배워야 하는 아주 중요한 생활 기술이다. 대화를 배우자. 가정이 줄줄이 망가져가는 시대에, 가정은 어떻게 살아야 할지 더욱 난감해졌다. 그런데 대화만 할 줄 알아도 가정이 살 수 있다. 대화가 가장 빠르고 좋은 집행 시스템이기 때문이다.

대화가 어려우면 대화 사역자나 상담가의 도움도 받으며 대화하면 된다. 가정은 대화만 잘해도 병과 중독을 막을 수 있다. 가정을 살리려면 대화할 줄 알아야 한다. 꼭 기억하기를 바란다.

축복 시스템

가족은 하나님으로부터 축복받기 위해 창조된 아름답고 고귀한 생명체이다. 이 세상에서 하나님의 아들로, 하나님의 가족으로 살려면, 특별한 하늘의 복들이 필요하다. 복은 자녀들을 위함인데, 사람이 하나님의 아들로 살려면 그 복이 절실하다.

기억하자! 사람으로 살려고 하지 말고, 하나님의 아들로, 하나님의 가족으로 살려고 그 값과 그 격과 그 질을 갖추면, 아들의 모양과 생활이 초라하지 않도록 반드시 하늘의 복을 주신다는 사실도 꼭 기억하기 바란다.

> 큰 음성으로 이르되 죽임을 당하신 어린 양은 능력과 부와 지혜와 힘과 존귀와 영광과 찬송을 받으시기에 합당하도다 하더라 계 5:12

이 말씀은 하나님의 아들, 예수가 받은 복이다. 그 복이 예수 안에 있는 아들에게도 연결되어 있다. 예수가 받은 이 복을 우리도 받았다. 이는 곧 능력(Power), 부(Riches), 지혜(Wisdom), 힘(Strength), 존귀(Honor), 영광(Glory), 찬송(Blessing)이다. 그러므로 우리는 값없고, 격 낮고, 질 나쁜 사람들로 살지 말고, 값과 격과 질이 높은 하나님의 아들, 하나님의 가족으로 살아야 한다.

주께서 책임져야 하는 아들의 삶을 살자! 세상이 우리를 통해 하나님의 아들이신 예수를 보고 경험할 수 있도록 '가족 하는 능력'을 발휘하며 살아보자. 이것이 우리의 꿈이요, 비전이다. 함께 건강한 가족 세상을 만들어 가자!

화목케 하는 사명 시스템

함께 만들어가는 건강한 가족 세상, 우리는 그런 시스템을 원한다. 그러므로 이 말씀을 가족의 사명으로 받기 바란다.

> 모든 것이 하나님께로서 났으며 그가 그리스도로 말미암아 우리를 자기와 화목하게 하시고 또 우리에게 화목하게 하는 직분을 주셨으니
>
> 고후 5:18

우리는 가족이다. 우리는 예수 안에서 하나님의 가족이 된 자들로, 화목하게 하는 영적 직책을 부여받은 자들이다. 샬롬(평강)을 위해 다스리고 지켜야 하는 자들이다. 어떤 거짓말과 이간질에도 마음을 빼앗겨서는 안 된다. '화목하게 하는 직책'이 우리의 '영원한 직업'이다. 화목하게 하는 직책이야말로 가족 하는 능력이 필요하다. 불화를 일으키는 어떤 말이나 행동도 삼가자.

사탄이 가족을 세울 수 없는 우리의 언행을 가로채 자기의 악한 씨앗으로 삼으니 조심하자. 하고 싶다고 하고 싶은 대로 다 해서는 안 된다. 참고, 인내하는 것이 첫 발걸음일 경우가 많다. 선순환적인 생활 풀이를 할 수 있도록 언어가 준비될 때까지 기다리는

것이 지혜이다. 화내고, 소리 지르고, 폭력적으로 변질되면 그 또한 습관이 되어 건강한 가족 세상을 해친다.

하나님의 성령이 마음껏 복 주시고, 일하시려면, 기본적으로 건강한 가정 시스템을 유지하고 있어야 한다. 우리가 '화목하게 하는 직책을 얻은 자'라는 사실에 집중하고, 가정 시스템 안으로 사탄을 초청하는 일을 금해야 한다. 그 후의 결과는 지금 일어난 일보다 더 크고 악하다는 것을 명심해야 한다.

파송 시스템

파송은 어느 시스템이나 절정을 이루는 결과이다. 부모가 자녀를 키워 또 다른 가족 생산을 위해 그 자녀를 부모의 품으로부터 떼어내는 작업은 그리 쉽지 않다. 그러나 필히 해야 하는 임무요, 책임이다.

파송이 없는 가정은 그대로 주저앉는다. 국민이 없는 나라와 같은 것이다. 옛 어른들은 재생산을 위한 파송의 값을 알았던 것 같다. "여자는 한 번 시집가면 그 집 귀신이 되어야 한다"는 말도 그래서 나온 것일지도 모른다. 일단 파송했으니 힘들고 어려워도 책임지고 살아내라는 뜻일 것이다.

알지만 힘든 것이 파송의 값이다. 보내는 이나 보냄을 받은 이나, 그 사명과 책임을 다하기 위해 목숨을 거는 값을 치러야 한다. 우리는 그 일을 반드시 해내야 한다.

재생산 시스템

가족은 재생산되어야 한다. 하나님이 원하시는 것은 예수, 하나님의 아들 안에서 많은 아들을 얻는 것이다. 하나님은 큰 가족을 원하신다. 온 인류가 다 예수를 믿고 구원받아 아들 된 권세를 영원히 누리며 살기를 원하신다. 하나님과 함께 다스리고, 영원토록 함께 살기를 원하신다.

따라서 가족의 재생산은 사람으로 태어난 자의 유일한 사명이기도 하다. 하나님에게는 그렇다. 그러니 하나님께 버림받은 사탄이 하나님의 소망과 사람으로 태어난 자의 사명, 즉 자식을 낳아 하나님의 아들이 되게 하는 우리의 유일한 사명을 말살시키기 원하는 것이다. 자기의 복수를 위해 하나님의 마음을 가장 아프게 할 것만 골라서 저지른다. 하나님은 자기의 복수의 대상이 될 수도 없는데 말이다.

가족의 재생산은 하나님의 가장 깊은 마음이다. 하나님이 아들을 생산하셨고, 그 아들이 아들을 생산하는 재생산이 키워드이다. '차별 금지'라는 교묘한 언어 뒤에 숨어 있는 동성애와 동성결혼과 성 소수자들의 온갖 추한 형태의 성행위에 동의할 수 없다. 동성애와 그들의 결혼을 허락한다는 것은 수간(獸姦), 소아성애도 허락하는 일이자 개와 고양이를 자식으로 키우는 이 시대에 사람과 동물의 결혼도 법으로 허락해야 한다는 악으로 치달을 우려가 있다. 절대 그 문을 열어서는 안 된다.

가족을 재생산하자. 그 길만이 우리와 우리나라가 살길이다.

다음 세대를 책임지는 시스템

가족은 다음 세대를 위한 성장 환경과 조건이다. 다음 세대의 성장터요, 성장 센터이다. 가정 안에는 생명과 성장을 위한 언어가 풍성해야 한다. 막강한 영향력과 에너지를 뿜어내는 생명력 발전소로서 가정은 그 사명과 책임을 다해야 한다. 그러니 가정 시스템이 얼마나 건강해야 하겠는가.

우리의 미래는 다음 세대이다. 그들이 하나님의 아들이 되어, 하나님 아버지의 온갖 좋은 은사와 복을 받아 누리고, 또 그것을 이웃으로 흘러가게 해야, 이 세상이 하나님을 사모하고, 원할 것이 아닌가. 하나님의 아들의 복음이 완성되면, 이 세상은 고스란히 없어질 세상임을 잊지 않기 바란다.

미래와 영원 지향적 시스템

가족의 미래는 자녀들이고, 자녀들의 미래는 '영원'이다. 그것을 깨달으면 가족은 파송하고 재생산하며, 미래를 위해 오늘을 값지게 살게 된다.

오늘은 하나님이 자기의 아들을 위해 영원을 24시간짜리 낱장으로 보내주시는 거룩한 시간이다. 아들이 사는 그 하루를 영원의 날로 계수하기 위해서 말이다. 아버지는 영원한데, 아들이 분초를 따지며 살고 있으면, 아버지가 창피하지 않겠는가. 그래서 아들이 사는 시간이 영원이 되어 하나님이 아들의 날로 계수할 수 있도록 한량없는 은혜를 베푸신 것이다.

그 은혜를 알자. 매일 더 깊이 알고, 건강한 가족 세상이 작동하도록 필요한 주의를 기울이자. 우리는 하나님의 아들이요, 하나님의 가족이다. 이 정체성을 절대 잊지 말자.

12
사랑으로 건강한 가정 시스템을 작동시켜라

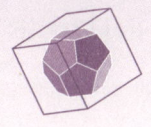

건강하고 행복한 가족과 가정은 숫자나 계산으로 세워지는 회사가 아니라, 사랑과 희생과 헌신과 수고로 세워지는 생명체이다. 따라서 우리는 함께 사는 것을 연습하고, 서로 사랑하는 것을 훈련해야 한다.

네가 왕이냐?

이에 빌라도가 다시 관정에 들어가 예수를 불러 이르되 네가 유대인의 왕이냐 예수께서 대답하시되 이는 네가 스스로 하는 말이냐 다른 사람들이 나에 대하여 네게 한 말이냐 빌라도가 대답하되 내가 유대인이냐 네 나라 사람과 대제사장들이 너를 내게 넘겼으니 네가 무엇을 하였느냐 예수께서 대답하시되 내 나라는 이 세상에 속한 것이 아니니라 만일 내 나라가 이 세상에 속한 것이었더라면 내 종들이 싸워 나로 유대인들에게 넘겨지지 않게 하였으리라 이제 내 나라는 여기에 속한 것이 아니니라 빌라도가 이르되 그러면 네가 왕이 아니냐 예수 께서 대답하시되 네 말과 같이 내가 왕이니라 내가 이를 위하여 태어 났으며 이를 위하여 세상에 왔나니 곧 진리에 대하여 증언하려 함이 로라 무릇 진리에 속한 자는 내 음성을 듣느니라 하신대 빌라도가 이르되 진리가 무엇이냐 하더라 요 18:33-38

예수님은 "네가 유대인의 왕이냐?"라는 빌라도의 질문에 "이는 네가 스스로 하는 말이냐 다른 사람들이 나에 대하여 네게 한 말 이냐"라고 답하셨다. 예수님에게 그것이 과연 중요했을까? 빌라 도 스스로 하는 말이든, 다른 사람들이 한 말이든, "그렇다"라고 대답했으면 되는 일인데 예수님은 굳이 그 말의 원천을 따지신다.

이에 빌라도는 "내가 유대인이냐 네 나라 사람과 대제사장들이 너를 내게 넘겼으니 네가 무엇을 하였느냐?"라고 말했다. 빌라도 는 사실 "네가 유대인의 왕이면, 왜 유대인과 대제사장들이 너를 내게 넘겼느냐? 넌 왕이 아니다"라고 답하고 싶었을 것이다.

그런데 예수님은 엉뚱하게 "내 나라는 이 세상에 속한 것이 아 니니라 만일 내 나라가 이 세상에 속한 것이었더라면 내 종들이 싸 워 나로 유대인들에게 넘겨지지 않게 하였으리라 이제 내 나라는 여기에 속한 것이 아니니라"라고 말씀하셨다. 흥미진진한 대화가 시작된 것이다.

빌라도는 이 순간을 놓치지 않고 세 번째 질문을 던졌다. "그래? 그러면 네가 왕이 아니냐?" 이 질문을 던지는 순간, 빌라도의 머리는 회전했다. 만약 왕이 아니라고 답하면 예수를 고소한 사건 자체가 효과를 상실하게 되는 것이니, 발뺌하기 딱 좋은 답을 얻는 것이다. 예수가 제 입으로 자기가 왕이 아니라고만 하면 끝나는 사건이었다.

그런데 그 질문에 예수님은 "네 말과 같이 내가 왕이니라"라고 선포하신 바람에 사건이 복잡해졌다. 다른 것은 몰라도 왕권을 건드리면 빌라도가 아니라 빌라도 할아버지라도 그냥 넘어갈 수 없기 때문이다. 그렇지 않아도 꿈자리가 뒤숭숭하다며 그 사람을 놔주라던 아내의 말도 있어서 어떻게든 피하고 싶었는데, 예수님이 스스로 왕이라고 해버렸으니 이제 피할 수 없는 사건이 되어버렸다.

이 세상의 왕

이 사건이 말하는 많은 주제 중 가장 중요한 하나를 뽑으라면 당연히 '왕'이라는 단어다. 히브리어로 왕은 '말라크' 또는 '멜렉'이라고 한다. 원어의 단어 해석으로 보면 왕, 즉 멜렉은 "진리를 훈련하고 적용하는 자"라는 뜻이다.

흔히 왕이라고 하면 가장 높은 자리에 앉아 큰 권력과 권세로 자기 마음대로 다스리는 자를 의미하는 줄 알지만, 왕은 진리를 훈련하고 그 진리를 생활에 적용하는 사람이다. 당연히 그 진리는 왕 개인의 모국어적 진리나 신념을 의미하지 않는다. 어떤 왕의 모국어와 다른 왕의 모국어가 서로 달라서 왕마다 자기가 원하는 진리가 있다면, 나라마다 백성들이 얼마나 헛갈리겠는가. 하나님도 그것을 원하시지 않는다.

하나님은 자신을 왕이라 부르시며, 이스라엘을 자기 백성 삼으셨다. 하나님이 말씀하시는 왕도(王道)는 거룩하고 선한 진리를 훈련하고 삶에 적용하는 것이다. 이는 하나님의 성품인 사랑과 공의가 온 세상에 강물같이 흘러가기를 바라시기 때문이다.

성령의 아홉 가지 열매처럼 사랑, 희락, 화평, 오래 참음, 자비, 양선, 충성, 온유, 절제 같은 것이 생수의 강처럼 흐르기를 바라신다. 빛의 열매인 모든 착함과 의로움과 진실함이 온 세상에 충만하기를 원하신다. 이웃을 자기 몸같이 사랑하기를 바라신다. 기본적인 사람의 권리는 서로를 책임지는 공의에서 나오기 때문이다. 그래야 왕 됨이 무엇인지, 그 기능과 목적을 알고, 하나님의 도구로서 왕이라는 직분을 맡은 자가 충성을 다하는 겸손함으로 행할 수 있기 때문이다.

사람이 왕이 되어 사람들을 다스린다는 것 자체가 하나님의 아이디어가 아니기 때문에, 왕이 되는 것은 무척 조심스러운 일이다. 죄가 사람으로 하여금 사람들의 왕이 되어 군림하게 하고, 하나님

없이 살게 하였으니, 왕이 휘두르는 권력과 권세는 반드시 오해와 피해와 재해를 가져온다는 사실 또한 명심해야 한다. 왕의 흔적은 악한 열매로 열린다.

가인의 왕국

죄로 말미암아 시작된 아담의 가족 왕국을 보라. 죄로 인해 에덴동산에서 쫓겨난 아담의 첫아들 가인이 시기와 질투로 동생을 쳐 죽였다. 땅에서 유리하는 자가 되라는 하나님의 명령을 어기고, 에덴 동쪽에 위치한 놋 땅에 성을 쌓고, 스스로 왕이 되어 자기의 진리를 적용하는 삶을 살게 된다.

하나님에게서 떨어져 나가고, 부모에게서 멀어지고, 땅으로부터 유리하는 자가 되어 이웃도 없고, 지독하게 억울한 자기만 남아 있는, 말 그대로 상처투성이인 가인이다. 가인이 자기 가정 왕국의 마스터가 되고, 성의 왕이 된 후, 자기 환경에서 하나님을 지워버리고, 자기 마음대로 법을 정하고 선포했다. 농사꾼이던 자가 농사짓는 일과 전혀 상관없는 생존을 펼쳐나간다. 가족과 사람들을 하나님이 필요 없는 삶으로 이끌었다.

가인은 스스로 왕이 되고, 왕관을 쓰고, 법을 선포하고, 자기가 원하는 것을 이루어간 세상 왕의 시조이다. 그 결과 6대째 자손인 라멕이 다음과 같이 말한다.

라멕이 아내들에게 이르되 아다와 씰라여 내 목소리를 들으라 라멕
의 아내들이여 내 말을 들으라 나의 상처로 말미암아 내가 사람을 죽
였고 나의 상함으로 말미암아 소년을 죽였도다 창 4:23

이 말은 후회가 아니다. 지독하고 치열하게 생존한 상감자의
자기 자랑이다. 일부다처제는 물론 살육까지 당연했던 생활을 과
시하는 것이다. "나처럼 용감한 자가 없다. 나처럼 겁 없고 두려움
없는 자 있으면 나와보라! 난 인정사정없다! 난 무적이야!" 그리
고 라멕은 자기의 그런 무자비한 생활에 대해 이렇게 떠벌린다.

가인을 위하여는 벌이 칠 배일진대 라멕을 위하여는 벌이 칠십칠 배이
리로다 하였더라 창 4:24

이것은 스스로 정한 법의 무자비한 집행이며, 자기에게 해를 가
하는 자에게는 칠십칠 배의 보복을 하겠다는 상처와 교만에 찬 왕
의 선포이다.

내가 왕이다

과연 예수님이 말하고 싶은 왕과 그 직분의 기능과 목적은 무엇
이었을까? "네 말과 같이 내가 왕이니라"는 말씀은 빌라도의 마음
을 꿰뚫은 말씀이었다. 빌라도가 '이 사람 예수가 사람들이 고소

한 대로 유대인의 왕인가? 혹시 로마의 왕이 되고 싶은 걸까? 이 사람으로 인해 새로운 왕정이 탄생하는 걸까? 소문에 의하면 왕이 될 만한 탁월한 능력과 인기가 있는 것은 사실인 것 같은데, 성군이 될 만한 훌륭한 인격도 갖춘 것 같고'라며 흔들리고 있음도 아셨다.

그래서 예수님은 선포하셨다. "빌라도야, 네 말과 같이 내가 왕이니라." 그리고 예수님은 자신의 왕 됨의 목적을 네 가지로 명확히 밝히셨다.

"내가 이를 위하여 태어났으며"
"이를 위하여 세상에 왔나니"
"곧 진리에 대하여 증언하려 함이로라"
"무릇 진리에 속한 자는 내 음성을 듣느니라"

예수님께 왕(멜렉)의 직분은 세상 권력의 통치가 아닌, 진리를 증언하고 그 진리를 따르는 백성들을 모으는 영적인 사명임을 천명하신 것이다.

예수님은 빌라도가 깨닫지 못하는 왕의 기능을 하나님 뜻대로 정확하게 풀어주셨다. 왕은 무엇보다 먼저 진리의 길을 걸으며, 진리에 대하여 증언하는 자이다. 아버지께서 말씀하신 그것을 말하는 자이다.

나는 그의 명령이 영생인 줄 아노라 그러므로 내가 이르는 것은 내 아버지께서 내게 말씀하신 그대로니라 하시니라 요 12:50

'멜렉'이라는 단어에는 "훈련에 신실하다"라는 뜻이 들어 있다. 무엇을 훈련하는가? 당연히 진리다. 이 진리는 사람의 것이 아니기 때문에 훈련을 시키는 대상과 목적이 필요하다. 모든 훈련은 하나님의 성품을 연습하는 것이다. 왕도 그렇지만 모든 사람의 훈련은 하나님께로, 그 원천으로, 그 원점으로 돌아가는 훈련이다. 자기의 오리진(origin)으로 돌아가는 훈련이 바로 왕이 가장 먼저 훈련해야 하는 생활이다.

예수님의 킹덤

예수님은 모든 사람의 왕이다. 그분은 진리에 대하여 증언하기 위해 오셨다(요 18:37). 당연히 자기 나라에서는 당신이 왕이심을 증언할 필요가 없다. 남의 나라이기 때문에 자기가 왕임을 알려야 하고, 진리를 증언해야 한다. 그래서 이를 위해 세상에 왔다고 말씀하셨다.

왕은 왕의 통치와 그 통치를 드러내는 도미니언(Dominion) 즉, 킹덤(Kingdom)이 필수다. 킹덤은 왕의 통치를 이루어내는 현장이다. 예수님이 우리의 왕이며 우리의 머리이시다. 우리는 그의 몸이며 그 몸은 킹덤을 뜻한다.

예수님이 우리의 머리이면 우리는 예수님의 진리, 즉 그분의 말씀을 살아내야 한다. 예수님이 회개하라고 말씀하시면 몸은 회개해야 하고, 용서하라고 하시면 용서해야 한다. 사랑하라고 하시면 사랑하는 것이다. 그것이 바로 킹덤이다. 절대 토를 달지 않는다. 킹덤은 왕의 진리를 살아내는 몸이기 때문이다. 그 진리를 훈련하고 적용해야 한다.

우리의 원천은 하나님이시다. 우리는 하나님께로 돌아가는 것을 진리의 훈련으로 받아들여야 한다. 하나님 아버지의 사랑을 그 아들이 진리로 받아서 그 진리(사랑)를 행하는 것이 킹덤이다.

왕이신 예수님은 하나님 아버지의 사랑이 진리임을 증인하는 킹덤이다. 그것을 십자가에서 증언하셨고, 다 이루셨다. 우리도 왕이신 예수님의 말씀을 받아 실천함으로써 킹덤을 이루어야 한다. 하늘에서 이루어진 사랑의 통치가 이 땅에서 죄인이 되어 살아가는 우리에게 임했다.

십자가에서 죽기까지 한 하나님의 사랑을 진리로 증언하게 하고, 스스로 복음이 되고, 그 사랑이 진리임을 깨달아 알게 하시며 그 진리를 훈련하고 살게 하는 것이 왕이신 예수님이 다스리신다는 뜻이고, 우리가 킹덤인 이유이다.

하나님의 사랑을 진리로 증언하는 자

왕은 왕족이어야만 한다. 아버지가 왕이 아닌데 자기가 왕이라면, 비정상적인 계승이 일어났다는 뜻이다. 쿠데타 같은 것 말이다. 아버지의 사랑과 아들의 진리는 그렇게 비정상적인 방법으로 일하지 않는다. 예수님은 "내가 왕이다"라고 선포하신 후에, "내가 이를 위해 태어났다"고 말씀하셨다.

> 네 말과 같이 내가 왕이니라 내가 이를 위하여 태어났으며 이를 위하여 세상에 왔나니 요 18:37

이 선포는 예수님의 왕 되심의 정통성을 말하는 것이다. 왕은 왕으로부터 태어나야 한다. '이 세상의 왕'이라는 콘셉트는 하나님이 만드신 것이다. 그 직분과 권위와 권력과 권세를 하나님이 주셨다. 그러니 왕의 오리진(origin)은 하나님이시다. 그래서 보좌, 왕관, 킹덤(Kingdom), 통치와 같은 단어들이 하나님을 가리키고 있다. 하나님을 알게 하시려고 베푸신 하나님의 배려적 언어들이다.

사탄은 천사의 일종으로 하나님이 부리는 영이다. 하나님과 다른 종류라는 뜻이다. 예수님이 왕이 되기 위해 태어났다는 말씀은 그의 왕 되심의 정통성을 말하기 위함이요, 쿠데타를 일으켜 유대인의 왕권이나 로마의 왕권을 찬탈하려는 것이 아님을 명확하게 하신 것이다. 왕은 태어나는 것이지 만들어지는 것이 아니기 때문이다.

이 세상에서 어쩌다 왕이 되었더라도, 그 목적은 하나님의 사랑을 진리로 증언하는 증언자여야 한다는 것이다. 예수가 하나님의 아들로 태어나 이 세상에 오신 이유가 바로 이 때문임을 선포하신 것이다.

가족은 킹덤이다

아브라함에게서 이삭이 태어났다. 그것이 아브라함의 도미니언 (Dominion), 즉 아브라함'dom'이다. 가족은 그 마스터의 'dom'이다. 그래서 모든 마스터는 반드시 하나님의 사랑을 진리로 증명하고 증언하는 직분과 기능과 목적을 이루어야 한다.

사기 모국어적 신리의 'dom'이 아니다. 상처로 점철된 'dom'은 더욱이 아니다. 아브라함에게서 이삭이 태어나 가족을 형성하는 것은 도미니언을 이루는 것이다. 이는 결국 하나님의 가족이요, 하나님의 킹덤임을 인식해야 한다. 마스터 개인의 'dom'이 되면 죄악이 만연한 가인의 킹덤이 된다는 사실도 간과해서는 안 된다.

아버지의 사랑을 진리로 살아내는 아들은 순종함으로 아버지의 도미니언을 이룬다. 선한 진리는 무조건적인 순종으로 열매를 맺는다. 그것이 아버지와 아들의 관계이고, 왕과 백성의 관계이고, 그리스도와 교회의 관계이고, 머리와 몸의 관계이다.

킹덤은 보내심을 받은 자가 진리를 증언하는 것이다. 그래서 예수님은 자신의 사명을 다음과 같이 말씀하신 것이다.

내가 이를 위하여 태어났으며 이를 위하여 세상에 왔나니 곧 진리에
대하여 증언하려 함이로라 요 18:37

파님 엘 파님

'보내심'을 받으려면 얼굴과 얼굴을 본 자여야 한다. 제대로 알
지도 못하는 자에게서 보내심을 받을 수는 없다. 'face to face',
즉 '파님 엘 파님'은 문자 그대로 "얼굴과 얼굴"이라는 뜻인데, 우
리는 하나님을 대면하여 보는 것처럼 자기가 확신하는 것만 순종
하고 따라갈 수 있다. 하나님을 본 사람은 없지만, 예수님의 얼굴
을 보고 하나님을 보았다고 말한다. 보내신 아버지의 얼굴을, 보
내심을 받은 아들의 얼굴이 증언하는 것이다.

흥미로운 사실은 얼굴과 얼굴을 맞대어 본다는 뜻의 파님은 "입
에 신실하다"라는 뜻도 있다. 그 입이 진리를 말하면 진리에 신실
하고, 그 입이 거짓을 말하면 거짓에 신실할 것이다. 사랑이신 하
나님을 '파님 엘 파님' 하면, 보내심을 입은 자의 '입'이 그 사랑을
진리로 증언할 것이요, 거짓의 아비를 만나면 입으로 거짓을 증언
할 것이라는 뜻이다. 자녀들이 마스터의 상처를 진리화하여 그 상
처를 증언하는 것처럼 말이다. 얼굴과 얼굴을 마주 보는 것은 진
리를 보는 것임을 잊지 말라.

가족 관계는 '파님 엘 파님'의 관계이다. 매일 얼굴과 얼굴을 맞
대어 보는 관계 말이다. 그래서 거기에 사랑이 있으면 그것이 진리

로 드러나게 되어 있고, 폭행이 있으면 그것이 진리로 드러나게 되어 있다. 사랑과 진리가 하나이듯 죄와 악도 하나다.

가족은 마스터의 도미니언이기에 가족들이 그 마스터가 어떤 사람인지를 드러낸다. 그러므로 마스터는 하나님을 대신하는 가정의 왕처럼 사랑을 진리화하는 기능을 매일 쇄신하고 발전해야 한다.

하나님의 얼굴을 보는 사건들

아담의 갈빗대로 여자를 탄생시킨 것은 뼈와 살의 만남이 아니라 하나님의 사랑을 진리로 실천하는 의의 훈련이라는 뜻이다. 아담이 아내의 얼굴을 대면할 때마다 진리를 적용하여 의를 훈련해야 한다는 것을 기억하는 것이다. 의를 훈련하는 것은 하나님의 얼굴을 보는 것이다.

여자가 선악과를 따먹고 그 열매를 남편에게 주었을 때, 그는 의를, 말씀을, 진리를, 사랑을 기억했어야 했다. 그 열매나 그것을 따먹은 아내나 아무 일도 일어나지 않은 현상을 보아서는 안 되었다. 그는 하나님의 얼굴을 대면했어야 했다. 그래야 에덴의 왕으로서 아담이 진리를 증언하는 기능을 다하는 것이었다. 그런데 그는 아내의 얼굴, 그녀의 말, 곧 사탄의 말에 순종한 결과를 불러온 것이다. 사탄의 얼굴을 본 것이다.

"야곱의 허리에서 나온 사람이 모두 칠십이요, 요셉은 애굽에 있었더라"(출 1:5). 여자는 자궁으로부터 자식을 낳지만 남자는 허리에서 자식을 낳는다. 히브리적으로 허리는 '힘'을 의미한다. 생명의 힘이 허리에 있다. 그러니까 야곱의 허리에서 칠십 인이 나왔다는 뜻은 하나님이 야곱에게 생명의 능력을 베푸셔서 칠십 인의 가족을, 즉 킹덤을 이루셨다는 뜻이다. 생명 생산은 생명을 창조하기 위한 하나님의 창조 시스템의 결과이기 때문에, 가족을 얻으시는 하나님의 기쁨은 이루 말할 수 없는 '에덴'이다. 강이 그 에덴에서 흘러나와 온 땅을 적시고 거기서부터 4대 강이 굽이굽이 흘러넘친다.

야곱이 이스라엘로 이름이 바뀌었을 때, 하나님과 씨름하여 환도뼈를 치신 사건이 있었다(창 32:31). 야곱의 가장 강함과 생명을 상징하는 것이 허벅지 관절이었는데 하나님이 그 곳을 치셨고 그 결과 야곱이 절게 되었다. 야곱에게 그 사건은 하나님의 얼굴을 대면한 사건이 되었다. 즉 의를 훈련한 사건으로 야곱의 모든 모국어적 진리의 견고한 진이 무너진 사건이었다. 그는 겸손해졌고 육체적 결함을 갖게 될 정도로 낮아졌다.

자기 의로 살아온 야곱의 과거가 문을 닫고, 새로운 생명의 장이 열렸다. 야곱은 비로소 하나님의 얼굴을 대면하고, 그의 보내심에 응답하여, 그의 사랑을 진리로 적용하는 의의 훈련을 시작하게 되었다. 철저히 하나님을 대면해야 했던 순간을 가진 것이다. 그래서 자기를 죽이려고 온 형 에서의 얼굴을 하나님의 얼굴을 보듯 보게 된 '브니엘'을 경험한 것이다. 하나님의 사랑을 진리로 증명하고, 의의 훈련을 한 것이다.

가족은 참 멋지고 값진 생명체다. 그 가족 안에는 못난이가 없다. 어떤 아비가 자기보다 못난 자식을 낳을 수 있겠는가. 아버지가 낳았으면 태어난 자식은 모두 아버지와 동일한 존재의 값을 갖는다.

사랑은 사랑을 진리로 살아내는 자들의 영성이다

가족, 즉 킹덤은 갈빗대로 확장된다. 아내가 "내 뼈 중의 뼈요 살 중의 살이리"고 히는 말은 의의 훈련으로 이어져야만 하는 실생활이었다. 여자를 만난다는 것은 좋아한다는 고백 이상이어야 한다는 뜻이다. 자기 갈빗대로 태어난 아내는 남자가 의의 훈련을 해야 하는 상대로 태어난 것이다. 아내를 볼 때마다 하나님을 기억해야 했고, 하나님의 사랑을 진리로 받아, 아내에게 행하는 모든 언행이 하나님을 대신하여 하는 것이어야 했다. 그러니 "내 뼈 중의 뼈요 살 중의 살이라"는 고백이 곧 "네 이웃을 네 자신과 같이 사랑하라"는 명령이었음을 깨달아야만 한다.

사랑은 그 사랑을 진리로 살아내는 자들의 영성이다. "나는 당신을 사랑해." 이런 고백은 진리의 값을 갖는다. 만약 그 사랑이 가짜였고 거짓말이었다는 사실을 깨달으면 그 거짓 사랑이 죽음도 불러올 수 있는 것이다. 부부가 서로 사랑하고, 부모와 자녀가 서로 사랑하고, 그 사랑을 진리로 살아내는 것, 그것이 곧 가족이요, 진정한 킹덤이다. 서로 사랑한다는 사실이 확인되는 순간, 진리는 불처럼, 바람처럼, 물처럼, 빛처럼 찬란하고 풍성하고 왕성해진다.

왕도, 마스터도, 가족도 하나님 아버지의 얼굴을 대면하여 보듯, 사랑을 진리로 적용하여 의를 훈련하는 삶을 살아서 모든 가정이 'King'의 킹덤(Kingdom)이 되고, 'God Father'의 '파더덤'(Fatherdom)이 되고, 아버지의 마음을 기쁨으로 흡족하게 해드리는 진정한 '패밀리덤'(Familydom)이 되기를 축복한다.

진리를 말하면 진리를 듣는 사람들의 킹덤

죄 된 이 세상에서 '진리'는 참 어려운 단어가 되었다. 생활 속에서 배제된 단어이기도 하다. 객관적인 진리는 왠지 귀찮고 불편하다. 누구를 막론하고 자기 진리가 유일한 진리였으면 좋겠다고 생각한다.

"진리에 속한 자, 즉 예수 하나님의 아들에 속한 자는 예수의 음성을 듣는다"고 예수님이 말씀하셨다. 순간순간 무엇을 선택해야 옳은지 아는 것도 음성을 듣는 것과 동일하다. 진리가 장착되어 있는 상태이기 때문이다.

진리라는 양날이 날카로운 개념이 힘들어서 싫고 어려워서 불편한 것이지, 진리가 무엇인지에 대한 나침반은 모든 이에게 장착

되어 있다고 생각한다. 죄로 인해 무뎌지고, 휘어지고, 변질되어서 그렇지, 진리는 없어질 수 없다. 바람과 함께 사라진 진리도, 바람이 불 때 다시 불어온다. 진리가 없으면 이 세상은 이미 망해 없어졌다.

"진리가 무엇이냐?"(요 18:38)라는 빌라도의 마지막 질문에 예수님은 답하지 않으셨다. 그 마음은 무엇이었을까? 진리에 속하면 내 음성을 듣는다고 말씀하셨는데, 지금껏 진리가 무엇인지 말했는데, 또다시 "진리가 무엇이냐?"고 물으니 말이 통하지 않아 어이가 없으셨을 것 같다. 진리를 앞에 두고도 알아보지 못하고, 알아보지 않으려는 수고가 구슬프기도 했을 것 같다. 어쨌거나 킹덤이 확장되지 않았고, 기회를 놓친 빌라도의 이름은 지금도 애통스러움으로 남아 있다.

말장난을 하는 사람에게는 재미였을지 몰라도, 말장난을 당하는 사람은 몹시 기분이 상한다. 놀림당하는 기분이 들기 때문에 대부분 상처로 남는다. 자기 값이 떨어지고, 가족성이 희박해지는 순간이다. 말이 서로의 값을 올려주지 않으려고 제기능을 다하지 않는다. 말이 헛발질하며 사람 사이를 분열하도록 이끈다.

진리를 말하면 진리가 들리는 사람이 있다. 그런 사람이 '킹덤'(Kingdom)을 이루고, 하나님 아버지의 '파더덤'(Fatherdom)을 이루고, 가족의 '패밀리덤'(Familydom)을 이룬다. 그런 가족은 반드시 아버지의 사랑을 진리로 듣는다. 가족은 예수님을 알고 그분의 음성을 듣는다. 모든 상황과 조건 속에서 사랑과 진리를 경험한다. 의의 훈련을 달게 받고, 예수님과 한 몸이 된다. 가족의 값이 이 세상에서 가장 존귀하고 값진 관계의 값이기 때문이다.

완전한 사랑의 통치

고린도전서 13장을 사랑장이라고 부른다. 완전 사랑의 통치다. '러브덤'(Lovedom)이다. '패밀리덤'(Familydom)의 축제이며, 사랑 언어의 불꽃놀이다. 그 사랑을 느끼지 못하면 진짜 슬프기 때문에 애통해야 한다. 하나님의 사랑의 얼굴인 예수의 진리를 듣기 바란다. 성령의 가족 하는 능력의 언어를 마음으로 들을 수 있기를 바란다. 세상을 이기는 진리의 힘을 믿음으로 얻기를 바란다. 진리의 길을 예수와 손잡고 순간순간을 천천히, 느리게, 음미하며 걸어 보기를 바란다.

내가 사람의 방언과 천사의 말을 할지라도

사랑이 없으면 소리 나는 구리와 울리는 꽹과리가 되고

내가 예언하는 능력이 있어 모든 비밀과 모든 지식을 알고

또 산을 옮길 만한 모든 믿음이 있을지라도

사랑이 없으면 내가 아무것도 아니요

내가 내게 있는 모든 것으로 구제하고

또 내 몸을 불사르게 내줄지라도

사랑이 없으면 내게 아무 유익이 없느니라

사랑은 오래 참고 사랑은 온유하며 시기하지 아니하며

사랑은 자랑하지 아니하며 교만하지 아니하며

무례히 행하지 아니하며 자기의 유익을 구하지 아니하며

성내지 아니하며 악한 것을 생각하지 아니하며

불의를 기뻐하지 아니하며 진리와 함께 기뻐하고

모든 것을 참으며 모든 것을 믿으며

모든 것을 바라며 모든 것을 견디느니라

사랑은 언제까지나 떨어지지 아니하되

예언도 폐하고 방언도 그치고 지식도 폐하리라

우리는 부분적으로 알고 부분적으로 예언하니

온전한 것이 올 때에는 부분적으로 하던 것이 폐하리라

내가 어렸을 때에는 말하는 것이 어린 아이와 같고

깨닫는 것이 어린 아이와 같고 생각하는 것이 어린 아이와 같다가

장성한 사람이 되어서는 어린 아이의 일을 버렸노라

우리가 지금은 거울로 보는 것 같이 희미하나

그 때에는 얼굴과 얼굴을 대하여 볼 것이요

지금은 내가 부분적으로 아나

그 때에는 주께서 나를 아신 것 같이 내가 온전히 알리라

그런즉 믿음, 소망, 사랑, 이 세 가지는 항상 있을 것인데

그 중의 제일은 사랑이라 고전 13:1-13

사랑은 감정이 아니다

사랑은 감정이 아니다. 사랑을 감정이라고 말하는 것은 사탄의 언어이다. 사탄은 사랑을 모른다. 하나님 아버지의 사랑을 몰라서 십자가에서 돌아가신 아들 예수의 진리를 깨닫지 못한다. 그래서 자유를 얻을 수 없다. 사탄은 예수만 죽이면 '하나님의 사람-사랑 이야기'가 끝나는 줄 알았다. 예수를 십자가에서 가장 처참하고 보잘것없이 죽였는데, 그 죽음이 그를 믿는 모든 자를 구원하는 보혈이라는 사실에 지금도 이해가 안 되고 치가 떨려 미칠 지경이다.

그들은 진리를 싫어하고, 진리를 알아보지도 못한다. 진리에 속하지 못해 그의 음성을 듣지 못한다. 아무리 상하게 하고, 아무리 망하게 해도, 그의 음성만 들으면 일어서는 사람들을 도저히 이해할 수가 없다. 가족을 망가뜨리려고 혈안이 되어, 악과 병과 중독과 분열과 거짓과 술수와 기만과 귀신과 미신과 우상 숭배 등을 동원하여, 이 땅을 아무리 휘저어놓아도, 예수의 진리만 들으면 하나님 아버지의 사랑을 깨닫고 벌떡벌떡 일어서는 연약한 사람들을 용납할 수 없다. 그들은 진리의 비밀을 깨닫지 못한다. 진리의 파동력과 킹덤의 확장력을 시기하고 질투하며 절망할 뿐이다.

이것이 사탄의 한계이다.

서로 뜨겁게 사랑하자

사랑은 감정이 아니다. 마음의 상태도 아니다. 자기 도취나 자기 만족이 아니다. 그것들과 상관없는 의지요, 선택이요, 결단이요, 행동이요, 결과다. 사랑은 책임지는 것이고, 어떤 상황과 조건에서도 지속하는 능력이다. 사랑은 가족 하는 능력이요, 하나님의 킹덤을 확장해 나가는, 솟구치는 생활 에너지다.

사랑은 철저한 값을 치른다. 기꺼이 기쁘게 값을 치르는 것이다. 헌신이자 수고이며, 사랑의 고귀함을 위해 더욱 집중하는 몰입력이다. 사랑이 너무 귀하고 아까워서, 조금도 헛되이 낭비할 수 없기 때문에 전심과 전력을 다하는 것이다.

사랑은 값을 치르는 수고다. 모든 것을 다 주고도 만족스럽지 않다. 더 주고 싶고, 더욱 주고 싶다. 안 주면 사랑이 앓는다. 주고 싶어서 마음도 주고, 육신도 주고, 정신도 주고, 영도 준다. 하나 되기를 원하고, 한 몸을 이루기를 간절히 원한다.

사랑은 하나님의 성품이다. 감성이요, 영성이다. "하나님은 사랑이시라." 이 단 한 문장으로 설명 가능한 놀라운 언어다. 사랑은 하나님의 거룩한 생명의 능력이다. 그 능력이 넘쳐흘러서, 사랑받는 이로 하여금 풍성한 생명의 기적을 경험하게 한다. 될 수 없는 일이 되고, 가능하지 않은 일이 가능해진다.

사랑은 그 사랑하는 이로 그 마음을 꽉 차게 한다. 모든 것이 그 사람이다. 모든 것이 그 사람의 것이다. 모든 것이 그 사람을 위해서고 그 사람으로 향한다. 사랑하기 때문에 모든 것을 참으며, 모든 것을 믿으며, 모든 것을 바라며, 모든 것을 견디는 것이다. 고생스럽지 않아서, 아프지 않아서, 힘들지 않아서가 아니라, 사랑하기 때문이다.

사랑은 존재의 결심이다. 내 속을 그 사람으로 가득 채우는 것이다. 내 집을 다 내어주는 것이다. 내 마음이 그 사람의 것이 되는 것이다. 사랑은 영원한 것이라 한 번 결단하면 변치 않는다.

사랑하자. 사랑하면서 살자. 사랑 때문에 사랑앓이도 해보자. 피해도 보고, 아파도 보고, 가슴도 쳐보자. 그 영원한 사랑을 한 번 해보자. 세상이 말하는 그런 사랑 말고, 하나님이 자기 아들을 주신 그 거룩하고 영원한 사랑을 기꺼이, 그리고 기쁘게 한 번 해보자. 평생 살면서 몇 사람이나 자기 목숨처럼 사랑해볼 수 있겠는가. 가족만이 목숨처럼 사랑할 가치가 있는 것 아닌가. 그러니 가족 사랑은 하나님의 사랑을 깨달을 수 있는 유일한 단서요 경험이다.

그래서 더욱더 가족을 진하게 사랑해보자. 아무 유익이 없고, 고생과 가슴앓이만 한다고 하더라도 목숨 바쳐서 한 번 사랑해보자. 그것이 놀라우신 하나님 아버지의 사랑을 먼지만큼이라도 알 수 있게 하는 기회이며, 영광 중의 영광이요, 기쁨 중의 기쁨이 될 것이다.

영원 세상에서 가장 중요한 언어를 알게 되었다. 이 세상에서도 가장 중요한 언어는 '가족 사랑'이다. 우리 모두 가족 하는 능력을 키워, 함께 건강한 가족 세상을 만들어 가자! 우리 한 번 뜨겁게 사랑해보자!

Q & A Session

1 당신의 출신 가정에서는 문제가 일어난 후 어떻게 처리하나요?

2 당신의 집행 시스템은 어떤 형용사를 붙일 수 있나요?

3 집행 시스템이 거래나 학대 시스템으로 변질되지 않았나요? 어떤 경우에 그랬는지 설명해보세요.

4 당신의 집행은 건강한가요? 0-100까지 몇 점을 주실 수 있나요?

5 'King'의 직분과 기능은 무엇인가요?

6 'King'과 'Kingdom'을 설명해보세요.

7 'King'의 'Kingdom'과 하나님 아버지의 'Fatherdom'을 자기의 말로 설명해보세요.

제발 우리 가정을 도와주세요!

"이 가정은 재개발 가정으로 선정되었습니다!"

이 알림이 우리 가정 가톡방에도 떴으면 좋겠다. 나라가 인정하고, 타인이 인정하는 재개발이 필요한 가정이 되었으면 좋겠다.

우리는 문제를 감추고 드러내지 않으면 문제 없음이 되는 줄 안다. 우리는 다 크고 작은 문제들을 가지고 살고 있고, 특별히 가정 시스템 안에는 수많은 문제들이 있다. 그 사실을 인정해야 하는데, 쉽지 않은 것 같다. 어떻게 하든 문제 없음을 고수해야 살아남는다고 믿기 때문이 아닌지 모르겠다.

어느 가족도, 어느 가정도 문제없이 살아갈 수는 없다. 문제야말로 성장을 위해 꼭 필요한 감초이기 때문이다. 우리는 문제가 발생하고 지속되어야, 비로소 자신의 언어가 그 문제를 풀어나가기에 충분하지 않다는 사실을 알게 된다.

이렇듯 새로운 언어와 새로운 언어판은 지속되는 문제를 풀어낼 수 없을 때만 절실해진다. 고질적인 가정 시스템은 매우 습관적이라서 변화를 적으로 삼는 시스템이다. 새로운 언어를 싫어한다. 변화는 자기를 죽이는 것이라고 생각한다. 그래서 문제를 풀 수 없는 기존의 언어만 고집하게 되고 문제는 세월과 함께 도저히 풀 수 없는 큰 돌산으로 변한다. 결국 이 집에는 그 큰 돌산이 모든 것을 가리고, 모든 건강을 다 눌러버린다.

우리 가족을 살려주세요!
우리 가정을 재개발해주세요!
더 이상 버티다가는 다 무너질 것 같아요!
제발 우리 가정을 도와주세요!

이렇게 간절한 마음으로 부르짖으며, 가정을 재개발 대상으로 드러내야만 변화가 가능하다. 그러면 도움을 받을 수 있다. 하나님은 물론 주위에 도와줄 수 있는 손길들이 생각보다 많다.

가정 시스템은 홀로 변화시킬 수 없다. 언어에 한계가 있어서 수정을 원하면서도 동일한 값과 격과 질의 언어를 사용하기 때문에 고집스럽게도 문제가 지속되는 것이다. 가정을 빛 가운데로 가져와 아픈 부위를 드러내라. "빛이 있으라"고 선포하고, 간절히 그 빛 가운데 거하라. 그러면 가족을 사랑하시는 하나님께서 지독하리만큼 악한 그 가정 시스템에 손을 대실 것이다. 그러면 기적이 일어난다.

사람으로서는 할 수 없는 기적이 생각지도 못한 방법으로 일어난다. 가족은 하나님의 것이니까 하나님께 맡겨야 킹덤(Kingdom)이 일어나고 확장된다. 천국은 가족 세상이라 킹덤이 이루어지면 당연히 '파더덤'(Fatherdom)도 이루어진다.

네 길을 여호와께 맡기라

그를 의지하면 그가 이루시고

네 의를 빛같이 나타내시며

네 공의를 정오의 빛같이 하시리로다

여호와 앞에 잠잠하고 참고 기다리라

자기 길이 형통하며 악한 꾀를 이루는 자 때문에

불평하여 말지어다

분을 그치고 노를 버리며 불평하지 말라

오히려 악을 만들 뿐이라

진실로 악을 행하는 자들은 끊어질 것이나

여호와를 소망하는 자들은 땅을 차지하리로다

잠시 후에는 악인이 없어지리니

네가 그곳을 자세히 살필지라도 없으리로다

그러나 오직 온유한 자들은 땅을 차지하며

풍부한 화평으로 즐거워하리로다

시편 37장 5-11절

너의 행사를 여호와께 맡기라

그리하면 네가 경영하는 것이 이루어지리라

잠언 16장 3절

가정 시스템

초판 1쇄 발행	2025년 12월 17일
초판 2쇄 발행	2025년 12월 23일

지은이　도은미

펴낸이　여진구
책임편집　안수경 김도연
편집　이영주 진효지 최현수 구주은 김아진 배예담
책임디자인　정은혜 | 마영애 노지현 조은혜
마케팅　김상순 강성민　　　　**마케팅지원**　최영배 정나영
제작　조영석 허병용　　　　　**경영지원**　김혜경 김경희 김영하

303비전성경암송학교 유니게 과정
이슬비전도학교 / 303비전성경암송학교 / 303비전꿈나무장학회

펴낸곳　규장

주소　06770 서울시 서초구 매헌로 16길 20(양재2동) 규장선교센터
전화　02)578-0003　**팩스**　02)578-7332
이메일 kyujang0691@gmail.com　　　홈페이지 www.kyujang.com
페이스북 facebook.com/kyujangbook　　인스타그램 instagram.com/kyujang_com
카카오스토리 story.kakao.com/kyujangbook
등록번호 1922-2461
since 1978.08.14

ⓒ 저자와의 협약 아래 인지는 생략되었습니다.
이 출판물은 저작권법에 의해 보호를 받는 저작물이므로 무단 전재와 무단 복제를 할 수 없습니다.

책값　뒤표지에 있습니다.
ISBN 979-11-6504-676-7 03230

규 | 장 | 수 | 칙

1. 기도로 기획하고 기도로 제작한다.
2. 오직 그리스도의 성품을 사모하는 독자가 원하고 필요로 하는 책만을 출판한다.
3. 한 활자 한 문장에 온 정성을 쏟는다.
4. 성실과 정확을 생명으로 삼고 일한다.
5. 긍정적이며 적극적인 신앙과 신행일치에의 안내자의 사명을 다한다.
6. 충고와 조언을 항상 감사로 경청한다.
7. 지상목표는 문서선교에 있다.

하나님을 사랑하는 자 곧 그의 뜻대로 부르심을 입은 자들에게는 모든 것이 合力하여 善을 이루느니라(롬 8:28)

규장은 문서를 통해 복음전파와 신앙교육에 주력하는 국제적 출판사들의
협의체인 복음주의출판협회(E.C.P.A:Evangelical Christian Publishers
Association)의 출판정신에 동참하는 회원(Associate Member)입니다.